LETTRES de HÉROS

recueillies par

Robert LESTRANGE

LETTRES DE HÉROS

(1914-1915)

LETTRES DE HÉROS

(1914-1915)

recueillies par

ROBERT LESTRANGE

Prix : 2 Francs

PARIS

SOCIÉTÉ ANONYME DE L'IMPRIMERIE KUGELMANN

(L. Cadot, Directeur)

12 — Rue de la Grange-Batelière — 12

1915

PRÉFACE

1914-1915 ! La guerre formidable et libératrice règne partout sur terre, sur mer et dans les airs.

Jamais lutte aussi colossale n'a vu se ruer tant de millions d'hommes les uns contre les autres, bouleversant les empires et étendant sur des fronts immenses les armées innombrables.

L'heure que nous vivons est unique. Depuis l'apparition du bipède humain sur la boule terrestre, il n'a connu aucun moment qui donnât à son organisme physique et moral une pareille sensation d'intensité de vie. D'un côté, c'est la barbarie savante avec tout son arsenal de diaboliques et féroces inventions, son mépris systématique de tout ce qui n'est pas son intérêt, de l'autre, se dressant contre « la cruauté disciplinée » des hordes de l'Attila moderne, c'est la civilisation avec les seules armes du droit. Devant ce spectacle grandiose de la lutte de la lumière contre les ténèbres de la barbarie, invinciblement on pense au dernier vers du grand poète expirant :

> C'est ici le combat du jour et de la nuit.

Les forces gigantesques que les champions sauvages du passé ont préparées depuis des années dans le but d'asseoir l'hégémonie allemande sur les débris des nations policées, héritières de la beauté gréco-latine, sont victorieusement contenues, en attendant qu'elles soient refoulées et anéanties dans leur nébuleux pays. La France, dans ce duel sans merci, où elle tient l'épée du droit imprescriptible, le glaive de Du Guesclin, de Jeanne d'Arc et de Bayard, donne au monde le spectacle d'un peuple entier convaincu de la justice de la cause sacrée qu'il défend et qui mourrait plutôt que de supporter l'arrogance d'un ennemi inique, farouche et brutal.

De l'effort puissant du peuple-paladin, dont les traditions chevaleresques sont gravées en lettres d'or dans l'histoire, jaillit comme une immense gerbe d'héroïsme. L'univers en est illuminé.

Chaque soldat, conscient d'avoir son rôle dans la défense du sol natal et de la civilisation, humble et fier, jusque dans la mort souriant à la vie et au triomphe des idées dont il a la garde, donne un incomparable exemple de glorieuse vaillance et de calme stoïcisme.

Ces sentiments, qui l'animent et le soutiennent à travers les plus rudes dangers et les situations les plus périlleuses, ils se dégagent en termes ingénus, simples et sublimes, des lettres de nos poilus.

Nous en avons groupé un petit nombre et avons conscience d'avoir ainsi, de nos faibles mains, élevé un monument à l'héroïsme français — monument que les obus allemands ne sauraient détruire comme les cathédrales martyres, dont les ruines resteront à travers les siècles les muets et éloquents témoins de la stupide barbarie teutonne.

Nous avons ajouté aux lettres de nos soldats celles des mères cornéliennes, des enfants émulés de Barra et de Viala, et encore quelques autres épîtres qui respirent le même souffle d'héroïsme. Elles sont toutes à l'image de l'âme française, type éternel de grandeur morale et de beauté.

Auprès de toutes ces feuilles frémissantes, surgies des profondeurs de la conscience nationale, bien pâles sont les recueils épistolaires qu'on met entre les mains de nos enfants. La guerre a donné, par l'indomptable stoïcisme de nos soldats, une magnifique leçon qui ne sera pas perdue. On voudra faire lire à la jeunesse des écoles, non comme de froids modèles de style, mais comme de splendides exemples de courage, de noblesse morale et d'immolation de soi-même, ces pages inspirées des plus purs sentiments. Nos enfants y sentiront battre côte à côte le cœur fruste de l'humble pioupiou et celui du philosophe cultivé, réunis dans la même pensée de sacrifice à la patrie et à l'idéal de justice, qui est le patrimoine sacré de notre race.

Robert LESTRANGE.

LETTRES DE HÉROS
(1914-1915)

I

Lettre d'un Saint-Cyrien écrite à ses parents au moment de la mobilisation :

Saint-Cyr, 30 juillet 1914.

Mes chers parents,

Vous avez l'air d'avoir peur du départ à la guerre. Jamais la perspective n'en a été plus rassurante. Nous espérons que ce ne sera pas une guerre de défense, mais une guerre de conquête où l'aigle germanique se fera plumer et écorcher. Au premier signal, nous sommes tous prêts à bondir et à frapper. Malheureusement, il faudra contenir notre jeune ardeur ; nos baïonnettes gravement aiguisées sur les dalles de la cour Wagram seront remplacées par un sabre de sous-lieutenant destiné à commander des réservistes.

Nous espérons que notre belle tunique à grenades d'or, sur laquelle sera épinglé un galon, ira porter la renommée du premier bataillon de France loin au delà du Rhin, et que nous saurons inspirer la confiance, l'estime et le courage à ces hommes de trente ans, presque tous pères de famille. C'est à cette idée que s'éveille tout notre orgueil ; nous serons responsables de ces vies que nous aurons derrière nous, nous devrons acquérir assez de prestige, assez d'autorité auprès de ces hommes, malgré notre air de gosses, pour qu'ils nous suivent partout, pour qu'ils fassent noblement leur devoir.

C'est en ces heures d'attente fiévreuse que l'on se met à réfléchir ; le temps passe lentement, et pourtant les événements, les pensées s'entassent ; on vit deux fois trop vite.

Rien n'est plus impressionnant en ce moment que le Musée du Souvenir ; ceux qui sont morts à l'ennemi, comme ceux qui en sont revenus, tous nous font envie ; on voit l'exemple des anciens et on se promet de les dépasser. Il faut avoir confiance en notre étoile, confiance en notre nouvelle génération qui, si elle a des défauts, saura quand même se rendre admirable.

Je passerai sûrement à Paris avant de partir, soit au régiment comme simple soldat, soit à la victoire comme chef. Je ne manquerai pas d'aller vous embrasser avant même de compléter mon équipement. Nous sommes consignés à l'Ecole jusqu'à notre départ qui, je l'espère, ne tardera pas à arriver.

Je vous embrasse de tout cœur et reste votre fils affectueux.

RENÉ D...

P.-S. — C'est ce soir que nous serons baptisés « Officiers de la Croix du Drapeau ». Puisse ce nom être bientôt porté sous les balles.

II

Voici un extrait d'une lettre datée de X..., 8 août, envoyée par le caporal Albert Thirion, nommé sergent et cité à l'ordre du jour pour sa conduite héroïque :

. . . .

Enfin, après de nombreux combats, ceux de Huy, Liége, Hologne et la charge de la « Salva » à Seraing, nous sommes ici, fourbus, fatigués. Voici neuf jours que je ne me suis lavé. La guerre est chose horrible. Nous ne savons plus comment nous vivons. Nous avons fait cinq jours de marche, presque sans repos. J'ai été prisonnier des Allemands, mais j'ai réussi à m'échapper, après avoir eu ma capote trouée de toutes parts par leurs balles. Sur ma capote, les galons du bras gauche ont été arrachés par un éclat d'obus. Je n'ai même pas une égratignure. J'ai mené un combat de six heures avec deux hommes et je suis revenu sain et sauf avec deux mitrailleuses allemandes.

Mon colonel m'a félicité. Il a dit que je recevrais la récompense de mon courage.

Je suis « esquinté ». Mes pieds sont à sang. Tous mes camarades, d'ailleurs, sont comme moi. J'ai la conscience de revenir vivant. Maintenant, nous allons partir pour ... Ah ! quelles terribles journées nous avons vécues ! J'étais à l'assaut du Pont des Arts, à Liége. Je pensais que c'était fini. Nous n'étions qu'à quelques mètres des fusils et canons allemands.

Quelle grêle de balles ! Mais je crois que le dieu de la guerre m'épargnera.

Nos soldats sont héroïques. Et, cependant, c'est avec plaisir que nous recevons de partout des télégrammes nous annonçant que nous nous sommes couverts de gloire et d'honneur. Je ne saurais décrire les horreurs que j'ai vues. La charge de Seraing fut fantastique. Nos soldats y montrèrent un courage, une frénésie inouïs. Nous allions à la baïonnette. Nous marchions sur des corps éventrés, pantelants, et nous frappions toujours.

Je n'étais pas le dernier au massacre. Mais que voulez-vous ! On se bat pour la patrie, on se bat aussi pour défendre sa peau, pour en revenir. J'étais parti avec cent trente hommes. Nous étions encore huit au retour. C'est ce qui me fait espérer que je vivrai.

Ne vous étonnez pas si je reste une huitaine sans écrire. Nous avons mieux à faire que de manier la plume...

Albert Thirion.

III

Voici une lettre adressée, dans les premiers jours d'août, par un brave petit soldat à sa famille. Elle respire la bonne humeur, l'entrain, la confiance inébranlable dans le succès final et la victoire du bon droit :

Ma chère mère et ma chère sœur,

Voici seulement que je dispose d'un moment pour vous écrire. Jusqu'ici tout va très bien et j'ai le ferme espoir que cela continuera. Comme vous savez, nous sommes partis mercredi soir. Vingt-trois heures de voyage pour aller à Gironcourt (Vosges), près Toul. Partout, en cours de route, ovations enthousiastes. A Montbard, près de Dijon, de charmantes jeunes filles nous attendaient pour nous offrir des grogs très chauds.

Arrivée à Gironcourt à quatre heures du matin, au petit jour. Débarquement impressionnant avec l'artillerie et les fines gueules des canons de 75 pointées vers le ciel. Depuis, la marche vers

Toul à petites étapes. Partout accueil amical. Nous sommes bien reçus. Nous couchons sur la paille, naturellement, mais nous sommes admirablement nourris par un cuisinier épatant. Le moral est excellent. Tout va bien.

De-ci de-là nous parviennent des nouvelles très vagues des Allemands, et c'est ce qui nous prive le plus de manquer de nouvelles sérieuses.

Quoi qu'il en soit et quoi que vous entendiez dire, ne vous alarmez pas sur mon sort. Je suis aussi en sécurité qu'on peut l'être à la guerre. Jusqu'ici, d'ailleurs, c'est plutôt amusant, bien que fatigant. La marche, la vie de campagne, la cuisine et surtout — surtout — un appétit formidable que j'avais perdu depuis longtemps. Je ne suis pas à plaindre.

Je voudrais bien aussi que vous me donniez des nouvelles des Prussiens, bien que j'aie toute confiance que nous allons les écraser. J'ai vu passer ici trente prisonniers uhlans et nous avons entendu le canon aujourd'hui à plusieurs reprises. J'espère que la campagne ne durera pas longtemps.

(Journal, 15 août.)

IV

M. Pierre Loti n'est pas seulement, on le sait, l'auteur incomparable des Pêcheurs d'Islande, *de* Ramuntcho *et de cent autres œuvres où l'exquise délicatesse de la pensée le dispute à la pureté d'un style inimitable. Il est aussi le capitaine de vaisseau Julien Viaud et c'est à ce titre qu'il a adressé la noble lettre suivante au ministre de la marine :*

Rochefort, 18 août 1914.

Monsieur le ministre,

Quand j'ai été rappelé à l'activité pour la guerre, j'avais l'espoir de faire quelque chose de plus que le petit service qui m'a été donné dans notre arsenal.

Je ne récrimine point, veuillez le croire, sachant très bien que la marine n'aura pas le premier rôle et que tous mes camarades du même grade, à peu près inutilisés eux aussi, hélas ! faute de place, s'énervent comme moi et souffrent.

Mais qu'il me soit permis d'invoquer l'autre nom que je porte. Tout le monde n'est pas au courant des règlements maritimes, et ne sera-t-il pas d'un mauvais exemple, dans notre cher pays, où chacun fait si magnifiquement son devoir, que Pierre Loti ne serve à rien ? Je suis un officier un peu exceptionnel par ma double situation, n'est-ce pas ; pardonnez-moi donc de solliciter une mesure d'exception et de faveur ; j'accepterai avec joie, avec orgueil, n'importe quel poste me rapprochant de l'ennemi, fût-ce même un poste très en sous-ordre, très au-dessous de mes cinq galons d'or.

Ou bien, à la rigueur, ne pourrais-je être envoyé en supplément, en mission, à bord de quelque navire ayant chance de combattre ? Je trouverais le moyen de m'y rendre utile, je vous assure. Ou enfin, si trop de règlements ou de lois s'y opposent, voudriez-vous au moins, monsieur le ministre, me laisser libre d'aller et venir, en attendant qu'on puisse avoir besoin de moi dans la flotte, afin que je j'essaie, d'ici là, de m'employer n'importe où, ne fût-ce même qu'aux ambulances ? Il est cruel pour moi, et personne ne saura comprendre que, du fait seul que je suis capitaine de vaisseau de réserve, je me voie condamné à une presque inaction, quand la France entière est en armes.

JULIEN VIAUD.

V

Comme les précédentes, cette lettre de soldat écrite au début de la campagne, exprime en un langage fruste et coloré la gaîté charmante, l'esprit de décision vaillante et la résolution patriotique qui animent nos troupiers à tous les degrés de la hiérarchie :

20 août 1914.

Chers parents,

Vous voyez que la guerre n'est pas si terrible. Je n'ai entendu les premiers coups de feu qu'aujourd'hui, et, encore, c'étaient des mitrailleuses qui, placées à quelques mètres de nous, essayaient d'atteindre un avion allemand. Nous ne l'avons pas eu ; mais les turcos ont été plus heureux.

Nous continuons notre marche triomphale à travers la Belgique. Partout, nous trouvons le même enthousiasme de la part de la population.

Dans une ville, à W..., où nous sommes passés hier, c'était du délire. Les maisons disparaissaient sous le nombre des drapeaux belges. Des jeunes filles sont venues offrir à notre commandant un énorme bouquet aux couleurs franco-belges.

W... est une ville de près de huit mille habitants ; c'était la première ville importante que nous traversions.

Les habitants étaient rangés sur les trottoirs, nous distribuaient du café chaud, de la bière, des sirops, du café au lait, des journaux. Les Petites Sœurs des Pauvres n'étaient pas les moins empressées.

Moi, j'ai eu une boîte entière de cigares (quatre-vingts), que j'ai distribués à ma section.

Ces jours-ci, nous avons rencontré les troupes

algériennes, les zouaves, les turcos ou tirailleurs algériens (j'ai retrouvé un ancien du 36ᵉ qui avait été désigné en même temps que moi), des bataillons d'Arabes tunisiens avec leurs fanions vert-rouge-vert. Ces pauvres Africains comptent bien se venger de leur déplacement sur les Allemands.

L'un d'eux, qui parlait à peine français, me disait :

— Oui, sergent, on leur coupera la tête, aux Allemands.

Et, en effet, je crois qu'il vaut mieux les avoir avec soi que contre soi.

Nous avons aussi les spahis, les chasseurs d'Afrique, etc.

Les Belges ne nous font presque rien payer. Ils abandonnent leurs lits pour nous les donner.

Jamais, en manœuvre, je n'ai couché aussi souvent dans des draps.

Ne vous inquiétez pas si vous ne recevez pas de lettre ces jours-ci. Plus on est près de la ligne, plus les relations sont difficiles. Je vous ai envoyé des lettres timbrées par la poste belge, d'autres, par la poste militaire. Je ne sais si vous les avez reçues. Tout va bien : santé excellente. Je me suis acheté une grande ceinture de flanelle, comme les terrassiers, pour protéger les reins et le ventre contre le froid.

J'en suis très content.

Le moral est toujours très bon.

Nous avons fait des étapes très dures ; mais nous sommes, actuellement, en très bon état.

Les premiers numéros du *Bulletin des Armées de la République* nous sont parvenus chaque jour ; je lis à mes hommes l'article de fond.

La patrie, c'est plus que la terre de nos pères, c'est celle de nos fils. C'est pour eux que nous travaillons, et le petit R..., qui paraissait assez indifférent à notre départ, comprendra, plus tard, tout ce qu'il nous devra.

VI

Dès le début de la guerre, l'élan patriotique, le désir de remplir son devoir, l'héroïsme simple, spontané qui est au fond de l'âme populaire, se manifestent de tous côtés et gagne comme une contagion généreuse le cœur enthousiaste des petits. Comment n'être pas touché par cette lettre d'un enfant au ministre de la guerre, lettre dont l'auteur, dans un style si joliment naïf, s'offre avec un courage à la Barra pour défendre dans la mesure de ses forces la patrie attaquée ?

Montmorency, 4 août 1914.

Monsieur le ministre,

Je vien vous demandez les armes et les abits nessésaire pour partir à la frontière ou dans une gare quelquonque pour remplacé mon pére qui est d'une classe trop vielle pour partir, je suis âgé de 12 ans et je voudrais partir sans que mes parents le sachent car ma mère ne veut pas que je parte elle dit que je suis trop jeune. Veuillez me donner un rendévous de suite pour me donner les armes pour partir je les remettrait à mon ami qui me les donnerais le jour voulu, le temps de dire au revoir à mes parents.

Recevez, monsieur le ministre, mes plus respectueuse salutation.

FRANÇOIS LECAIN LAURENT,
1, avenue Victor-Hugo, Montmorency (S.-et-O.).

VII

Un brave territorial qui vient de recevoir le baptême du feu écrit la lettre suivante, datée du 23 août, qui, bien que rédigée dans le fracas de la bataille et pour ainsi dire au son du canon, n'en témoigne pas moins de la bonne humeur indémontable d'un soldat prêt à faire son devoir jusqu'au bout, en gardant le sourire au plus fort du danger :

Chère Léonie, chers parents.

Deux mots à la hâte, d'un pays où nous sommes de passage.

Je ne vous dis pas le nom, car il nous est

interdit de fixer l'endroit où nous sommes, à cause de la guerre et pour éviter que ça soit répété à tort ou à travers, et on nous oblige de laisser nos lettres non cachetées.

Bref, nous revoici en France, après avoir occupé Château-Salins et Dieuze qui se trouvent à vingt ou trente kilomètres de la frontière française.

Il paraît que c'est compris dans un mouvement que nous devions faire pour attirer l'ennemi ; enfin, on recule un peu devant lui, mais non sans fatigue.

Hier, nous avons fait une marche terrible, presque vingt-deux heures, le sac au dos ! Aujourd'hui, on s'en ressent et on a les jambes un peu raides ; une matinée de repos nous a fait néanmoins beaucoup de bien et ça d'autant mieux que nous allons casser la croûte tranquillement, ce qui ne nous est pas arrivé depuis trois jours.

Nous avons déjà reçu le baptême du feu, dans une petite escarmouche qui s'est passée en Allemagne aussi. Pour un baptême, ça a été réussi, car les dragées ne manquaient pas. Les obus nous tombaient de tous côtés que c'en était une bénédiction, mais ces Prussiens sont si maladroits que sur tout notre régiment ils n'ont fait qu'une dizaine de tués ou blessés, pas plus.

De leur côté, qu'est-ce qu'ils ont pris ! Nos batteries d'artillerie de 75 les ont attirés et lorsqu'ils ont été à portée, les batteries, avec leurs canons de 120, leur ont fourré une pâtée à la mode.

J'ai le plaisir de vous annoncer que dans ces dernières batteries se trouvait mon ami Edouard, que j'ai retrouvé en dormant ! En effet, on faisait la halte sur le bord de la route, vers midi, et comme il faisait chaud, on s'était assoupis. On était dans une côte et pendant que l'on se reposait il y avait de l'artillerie qui montait ; juste, à un moment donné, il y a un caisson qui s'est arrêté en face de nous, pour faire souffler ses chevaux, et une conversation s'est engagée entre les artilleurs et plusieurs de mes collègues, lorsque tout d'un coup j'ai reconnu la voix d'Edouard. Vous devez penser si j'ai fait un saut et si on était contents tous les deux.

On s'est raconté toutes les petites nouvelles que l'on savait et il m'a donné des nouvelles. Ça m'a fait plaisir de savoir tout notre monde bien portant, petits et grands. Je l'ai trouvé bien portant et fier de son travail, car il s'est déjà trouvé en plusieurs engagements et leurs batteries ont fait bien du tort aux Allemands.

Je n'ai pas revu Pierre, par exemple, et pourtant je me suis trouvé souvent avec le régiment dont il fait partie.

Et Marcel ? et Henri ? et vous ? Comment ça va-t-il ? Je n'ai toujours pas de nouvelles. Ecrivez plutôt deux fois qu'une, car les lettres n'arrivent que difficilement et je n'ai encore rien reçu si vous m'avez écrit.

Enfin, vous devez avoir des nouvelles plus facilement que nous, car on ne sait rien, pour ainsi dire, de la guerre en général.

Néanmoins, le moral est excellent, et tout le monde est toujours aussi décidé qu'au départ malgré notre retraite apparente et les fatigues.

Pour moi, la santé est toujours bonne, quoique je sois un peu enrhumé. Donc, tout va bien.

Je suis encore à la tête d'une cinquantaine de francs, donc ça va ; on ne manque de rien, ou du moins du nécessaire.

Vous embrasserez bien André, Lucie et Pierrot pour moi et vous vous embrasserez bien les uns les autres, en attendant que je le fasse moi-même.

Vous pouvez vous attendre à écouter des histoires quand je vais rentrer, car on en collectionne tous les jours. Gare dessous quand je vais vous raconter mes exploits.

Ça ne fait rien, l'autre jour, lorsque la mitraille nous tombait sur le citron et que nous avons été obligés de rester depuis 11 heures du matin jusqu'à 5 ou 6 heures du soir le nez par terre, on a eu le temps de réfléchir et de faire des actes de contrition ou que le diable m'emporte.

A chaque sifflement, quand on entendait l'obus arriver, tu parles si on se demandait si ça serait bientôt pour nous et comment que toute la maisonnée vous repassait sous les yeux.

Enfin, on s'y habituait et à part les premiers jours que l'on a salué en courbant le dos, les autres ne nous faisaient plus rien ou si peu !

Figurez-vous que c'est à n'y pas croire, je me suis endormi au son de cette musique-là. Ça ne vous épatera pas, vous ! mais je n'ai pas eu peur.

Bref je termine ma lettre en vous embrassant tous deux à grands bras et suis toujours

Votre fils respectueux et mari qui pense à vous souvent.

GEORGES.

VIII

On a beaucoup médit du 15ᵉ corps. La lettre ci-dessous démontre que là, comme ailleurs, se trouvaient des âmes fortement trempées. L'écrivain est un jeune sergent-fourrier, fier d'avoir fait son devoir et qui conte avec des nuances délicates de sentiment les émotions par lesquelles il a passé :

Dombasle, 22 août.

J'ai depuis trois jours dans ma poche la lettre que je vais mettre avec celle-ci ; elle a bien failli rester dans ma poche. Le lendemain (20) du jour où je l'écrivais, à D..., s'est livré un grand combat que je ne peux vous raconter dans son horreur, car la censure arrêterait ma lettre.

Nous avons battu en retraite avec honneur, lâchant un terrain déjà pris, qui d'ailleurs a été repris hier. Beaucoup d'officiers et sous-officiers tués. Votre petit a bien fait son devoir : seul debout avec quinze hommes, j'ai soutenu mon colonel blessé et couvert la retraite ; j'ai ramené mon colonel, l'ai hissé sur son cheval et ai repris ma place dans ma compagnie.

Mon capitaine m'a félicité, le colonel m'a dit que c'était très bien, puis m'a parlé de mon pauvre papa, me disant que je devais le remplacer dans notre armée et que si je continuais à faire mon devoir comme le 20 août je gagnerais l'épaulette !

Mon sergent-major a reçu un obus qui lui a cassé les deux jambes, il se trouvait à cinq mètres de moi ; les balles sifflaient ; si je suis encore de ce monde, c'est que je ne dois pas mourir. Le bon Dieu veut que je reste pour soutenir ma pauvre petite maman.

Le 15ᵉ corps étant assez éprouvé et surtout très fatigué, on nous a fait remplacer et on nous a ramenés à D..., à 30 kilomètres de la frontière. Je vais très bien, un peu de courbature, mais ce n'est rien.

Le capitaine veut me faire nommer sergent-major, mais je ne veux pas, je suis trop jeune ; si le colonel entend mon nom, j'ai peur qu'il fasse quand même cette nomination. Au prochain combat je veux rapporter un galon de sous-lieutenant.

IX

Après ces lettres d'humbles soldats, il nous convient de citer celle d'un grand chef, le général Pau. Il est vrai que cette épître héroïque date d'août 1870, après la bataille de Wœrth, mais elle est toujours digne de celui qui a dit : « Prussiens, je n'ai qu'un bras, mais il sera d'airain. » Voici la lettre qu'il écrivait à sa mère, il y a près de quarante-cinq ans :

Bonne mère, comme je ne sais si aucune des lettres que je t'ai fait écrire est parvenue à son adresse, ou plutôt comme j'ai de fortes raisons pour croire que rien n'est arrivé, tandis que, cette fois, je puis espérer que tu recevras mon autographe, je vais donc te narrer mes aventures tout au long.

Et d'abord l'originalité des sept lignes précédentes a dû te faire supposer que c'est d'un pied et non d'une main qu'elles furent tracées.

Détrompez-vous et ne riez point des premiers efforts d'une main inexercée, non plus que du style. Outre que je parle maintenant presque exclusivement l'allemand, je vous jure que les phrases élégantes ne coulent pas de source, quand il faut cinq minutes pour tracer une ligne.

Mais j'oublie que je ne vous ai pas encore dit le principal. Je suis blessé. mais vous le voyez, pas trop dangereusement. C'était le 6 août, au combat de Wœrth ; j'avais eu jusqu'alors la chance de n'être pas touché, au milieu d'une véritable pluie de fer et de plomb, lorsqu'un obus, brisant un arbre près de moi, un éclat de bois m'atteignit à la main droite et me mit deux doigts hors de combat.

Une heure après, je regrettais beaucoup moins la perte des susdits doigts, car une balle bavaroise me fracassait la même main et venait se loger entre les deux os de mon poignet, d'où je la retirai délicatement. Je reçus alors l'ordre de me rendre à l'ambulance, et c'est pendant que je m'y traînais qu'obligé de passer sous le feu des batteries prussiennes, je reçus un éclat d'obus dans la cuisse droite. Maintenant, inutile de vous dire que tout cela va très bien ; il est vrai qu'il a fallu me faire l'amputation du poignet, mais l'opération a donné les meilleurs résultats. Et comment en serait-il autrement ? Je suis chez les meilleures gens du monde, soigné comme l'enfant de la maison, les visites toutes plus affectueuses les unes que les autres ne me manquent pas.

Assez de moi.

Je n'ai pas besoin de vous dire que je suis inquiet ....

et puis, notre pauvre Lorraine et notre pauvre France !.....

Serai-je longtemps pour voler vers Nancy ? « Traînant l'aile et tirant le pied. » C'est La Fontaine qui nous a fait la réponse. En attendant, mille baisers et à bientôt.

X

Au commencement des hostilités, un officier envoie à sa famille ces quelques lignes qui respirent l'ardeur et l'enthousiasme, en même temps que la reconnaissance émue pour l'accueil reçu de patriotiques populations toutes frémissantes au contact de leurs vaillants défenseurs :

25 août.

Impossible de vous dire l'endroit où nous sommes, mais tout va bien. Quel accueil ! « Vous êtes nos sauveurs » nous dit-on ce matin. On trinque au cri de : « Vive l'Alsace française ! » On nous soigne, on nous dorlotte ! Mais ce n'est pas de trop, car c'est dur, tout se faisant de nuit à cause de l'aviation. On a heureusement abondamment à manger. Mon allemand me sert, mais les gens sont fiers de parler français. A l'hôtel où nous sommes, il y a un grand piano sur lequel on nous a joué les grandes marches militaires françaises. Aujourd'hui, les jeunes filles de la maison ont mis leur chambre avec deux beaux lits jumeaux à la disposition d'un camarade et à la mienne. On nous prépare un grand bain.

Dimanche, nous avons croisé un convoi de prisonniers allemands. En passant près de nous, ils rigolaient comme des camarades adverses après une partie de football qu'ils auraient perdue. Tout, ici, est parfaitement calme et on a toute confiance.

XI

Après avoir pris part à plusieurs combats extrêmement meurtriers, un jeune soldat du 20ᵉ corps adresse à sa famille les lignes suivantes qui fleurent la poudre et qu'anime la plus noble fierté patriotique :

Ce 31 août, 14.

Bien chers parents,

Je suis encore de ce monde. La Providence m'a préservé jusqu'aujourd'hui.

J'étais, en effet, là où vous craigniez que je fusse, et j'ai eu la chance d'en sortir indemne.

Depuis, nous avons connu des journées terribles, bien plus terribles que vous ne pouvez vous l'imaginer, et si meurtrières que si je suis en vie c'est à Dieu seul que je le dois. Je l'en remercie.

J'ai reçu vos lettres, qui m'ont ému et réconforté. Je vois que tous vous priez pour moi et le succès de nos armes. Merci ! Que Dieu vous entende !

Mais ce n'est pas fini et ces journées menacent de devenir plus sanglantes encore. Les Allemands deviennent de plus en plus sauvages. Je suis depuis hier caporal. J'ai davantage de travail et de responsabilité, mais je suis heureux de servir à quelque chose pour mon pays. Je n'ai pas besoin de vous dire que mon courage et mon désir de vaincre sont plus ardents que jamais et je puis vous assurer qu'ils ne faibliront jamais.

Ah ! que de choses à vous dire, qu'il m'est impossible de vous raconter aujourd'hui ! Si Dieu me prête vie, vous l'apprendrez un jour, et alors vous saurez ce qu'on a fait pour que la France soit victorieuse, et vous comprendrez que ses fils auront le droit d'être fiers de l'avoir défendue.

Adieu ; impossible d'en mettre plus long. Baisers les plus fous à vous tous, à ma sœur et à mes frères. Priez pour moi.

Votre petit caporal qui vous adore,

René.

XII

Les lignes ci-dessous ont été extraites d'une lettre d'un jeune soldat blessé qui, bien que fort endommagé, ne pense qu'à se réjouir du succès de nos troupes. La fin surtout est bien la signature d'un héros inconscient de son mépris du danger :

Mon régiment, écrit-il, est tombé dans une embuscade. Je m'en suis sorti avec un éclat d'obus à la fesse ; une balle m'a traversé de part en part le côté droit ; une autre, après m'avoir laissé une légère blessure au bras droit ,a pénétré dans la joue droite et est venue se loger derrière l'oreille droite où elle est encore. De l'avis du major, je l'ai échappé belle. *Enfin, à part cela, tout va bien.*

XIII

Deux missives palpitantes du plus pur patriotisme.

Le sergent aviateur Decaen signale que le 23 août six aéroplanes allemands ont été fusillés à la frontière luxembourgeoise. Habitué à des prouesses glorieuses et rapides, il ne doute pas qu'il survolera bientôt la capitale de l'Allemagne :

Nous restons pour le moment en France. Les Allemands se retirent en incendiant les villages belges. Hier, un aéroplane belge a été détruit. Le pilote, atterrissant dans le vent, a été entraîné. Il a cabré son appareil pour éviter nos tracteurs et a fauché un sapin. Il est tombé dans le canal et, véritable miracle ! lui et son observateur s'en sont tirés sans une égratignure. Le pilote Gastinger, sur un aéroplane belge, est revenu de la frontière avec une balle dans le dos. Heureusement les balles allemandes ne font pas beaucoup de mal. Celle dont il s'agit a été arrêtée par une miche de pain. Le cuir et le chandail n'ont pénétré que peu profondément dans les chairs.

Notre escadrille poursuit sa marche en avant. A bientôt une lettre datée de Berlin !

Un fils d'Alsacien, Lucien Glotz, ayant foulé la terre natale de ses aïeux, sent bouillonner en lui le plus saint enthousiasme et s'écrie dans sa joie délirante :

Avec la grâce de Dieu, j'espère un jour m'enorgueillir de la façon dont les Alsaciens-Lorrains se sont enorgueillis lorsque, après s'être contenus pendant quarante-quatre ans, après avoir souffert comme un cœur peut souffrir lorsqu'il aime et n'a pas le droit de le dire, ils ont enfin pu crier : « Vive la France ! » le jour où nos cavaliers et notre petit 10° chasseurs descendait la vallée de la Bruche — le pays de mon père !

XIV

Celle-ci est la lettre d'un capitaine, M. de Corbiac, qui s'adresse à la famille d'un de ses soldats, mort au champ d'honneur, pour lui annoncer ce décès glorieux. Par le plus délicat sentiment, il demande aux parents du défunt la permission de conserver comme un talisman pendant la campagne la dragonne blanche du brave qui a succombé en accomplissant un exploit admirable :

11 août 1914.

Monsieur.

J'ai le triste devoir de vous faire savoir qu'au cours d'une reconnaissance qu'il accomplissait avec son officier de peloton, M. Lafontaine, votre fils René Zwiller a été tué par les Prussiens, avec un grand courage. Il s'était porté au galop sur une crête où il découvrait la présence de l'ennemi. En se retirant son cheval est tombé ; désarçonné et se voyant sur le point de tomber aux mains de l'ennemi, au lieu de s'enfuir ou de se rendre, comme tous les Allemands que nous voyons tous les jours implorer le pardon des Français et jeter bas leurs armes, lui s'est mis à genoux et a tiré tant qu'il a pu sur les Allemands (50 ou 60) qui couraient sur lui.

Il a été tué presque à bout portant par plusieurs de ses ennemis en même temps.

Il n'a donc pas souffert et a donné sa vie en héros. Vous serez justement fier, monsieur, d'apprendre la mort glorieuse de votre vaillant garçon, qui honore grandement sa famille, son escadron et son régiment. Le nom de votre fils a été mis à l'ordre du régiment, de la division, et le récit de sa mort glorieuse a été lu devant les troupes assemblées.

J'ai recueilli la dragonne blanche de son sabre ; il l'avait gagnée dernièrement par son habileté et son énergie à l'emploi des armes. Je l'ai mise à mon sabre. Lorsque mes chasseurs me verront lever le sabre pour commander l'attaque, ils verront en même temps ce souvenir précieux de notre pauvre compagnon disparu et leur ardeur se doublera du désir de le venger.

Tout le monde, et moi tout le premier, aimait votre fils pour sa droiture, sa loyauté et son courage. C'était le type du soldat français avec le patriotisme brûlant des enfants d'Alsace. La veille de sa mort il me disait : « Mon capitaine, si les Prussiens ont ma peau, je vous assure qu'ils la paieront cher ! » Il l'a bien montré.

Il est tombé à côté du poteau frontière, et j'ai fait repérer l'endroit où les Allemands l'ont inhumé. Après la guerre, s'il plaît à Dieu de m'en donner la possibilité, j'irai avec mon escadron rechercher cette place, je ferai exhumer la dépouille mortelle et je vous rendrai le corps de votre fils.

Je vous demande jusque-là, monsieur, de me laisser sa dragonne blanche, qui à nous tous donnera du courage et portera bonheur. Je vous la remettrai alors comme un précieux souvenir d'un beau et valeureux soldat de la France dont je suis fier d'avoir été le capitaine.

Veuillez agréer, etc.

De Corbiac.

(*Matin*, 4 septembre 1914.)

XV

M. André Paisant, député de Senlis, resté à Paris pour s'occuper des émigrés de l'Oise, a adressé au journal La Liberté, *à la date du 9 septembre, la lettre suivante qui évoque une vision magnifique des défenseurs de la patrie et rend hommage à la fière attitude de la capitale à cette heure tragique :*

Mais oui, je suis à Paris ; et comment aurais-je eu l'idée de m'éloigner, quand, à deux pas de moi, ma circonscription, ma ville natale sont envahies, quand le dernier train qui passait sur les voies ferrées que je gardais a jeté pêle-mêle avec moi sur le pavé tous ceux que j'aime et qui m'ont fait confiance, quand je sens leurs regards tournés vers ce foyer commun dont nous ne savons plus rien, sinon qu'il fut violé et que nous voulons y retourner !

M'en aller ? Où ? Qu'irais-je faire ailleurs, maintenant que la Triple Alliance a mis la paix glorieuse à l'abri des surprises et qu'il ne reste à ceux qui ne se battent pas que le devoir d'être dignes de ceux qui se battent !

Ah ! nos soldats, ceux qui marchent et qui ne dorment pas, ceux qui mangent quand ils ont le temps, et qui dressent devant la Patrie menacée la muraille vivante de leur jeune poitrine ! Je les ai vus passer, ceux du Nord et ceux du Centre, et les Belges tenaces, et les Anglais tranquilles. J'ai vu ceux de Mulhouse dressant vers nous leurs mains pleine de lauriers et nous jetant par les portières des Aigles prussiennes et des bouquets d'Alsace ! J'ai vu s'éloigner dans la nuit les trains fleuris qui chantaient. J'ai vu revenir les trains silencieux, où les blessés stoïques nous faisaient signe de croire ; et nous, dont l'humble mission était d'assurer la sécurité de leur route, comment n'aurions-nous pas puisé dans la grandeur du spectacle la foi robuste de l'avenir et le sens ardent du devoir ?

Mon devoir est d'être là, le plus près possible de ma pette patrie électorale où je retournerai peut-être demain, dans ce grand Paris magnifique et charmant où l'été qui s'attarde met encore un rayonnement.

Le gouvernement est parti. Le canon tonne, les cafés sont à peine entr'ouverts, la vie publique est suspendue, on ne crie plus les journaux...

Qu'importe, Paris ne tremble pas. Il jette à l'ennemi le défi de ses forts, de ses enceintes et de ses volontés. Il regarde les troupes qui passent et il applaudit. Il lève les yeux vers le ciel et il nargue les « taubes ». Il sait qu'on veut faire de lui le magnifique otage de l'insolence allemande, et il se dresse, et dans le silence de ses rues tricolores, son cœur tranquille ne bat pas si fort que ne bat devant la ruée des cosaques le cœur angoissé de Berlin.

(Liberté, 9 septembre.)

XVI

M. Louis Vauxcelles qui, en temps de paix, est un critique d'art éminent, a envoyé à l'Intransigeant la belle lettre suivante, où il décrit avec talent la bonne humeur de nos vétérans ainsi que la vie militaire sur les voies ferrées et dans le décor où la guerre l'encadre. Détail caractéristique de cette époque unique, le critique d'art fait partie intégrante du tableau dont sa plume souligne pittoresquement les saisissants aspects.

Je vous écris, mon cher Directeur, d'un village, X...-sur-M..., d'où j'entends, en rédigeant ces notes cursives, le son du canon français. Et, bien que je sois (de par mes modestes fonctions de réserviste de la territoriale) à l'abri du feu, je vous jure que cette musique-là me réjouit le cœur plus que les prétentieuses dissonances de M. Richard Strauss et même que le deuxième acte de *Tristan !*

Que vous dirai-je que vous ne sachiez ? Nous bondissons de joie et de confiance aux récits que nous font ceux qui se sont battus ces jours derniers à Saint-Quentin, à Château-Thierry, et dans la région de Meaux-Coulommiers. Les pertes des gorets casqués sont énormes ; ils n'ont plus de munitions ; ils crèvent de fatigue et de faim. Les échos qui nous parviennent de toutes parts du front son infiniment moins laconiques que les communiqués officiels, mais *de la plus réconfortante précision*. Je n'ose — crainte de la censure et de son « caviar » — vous les répéter ici. Tout ce que je puis dire, c'est que « ça barde, et à fond » et qu'il y a « du pied », comme dit Pitou ou Columeau.

**

L'élan des camarades que nous voyons passer à la gare de X...-sur-M... est aussi magnifique que celui des troupes des premiers jours de la mobilisation. Ils chantent, leurs yeux brillent ; qu'ils sont heureux, nos cadets ! Sur tout leur passage on les gâte, tabac, tasse de café, chocolat, sandwiches, etc. Les dames de la Croix-Rouge se multiplient ; on ne rendra jamais assez hommage à leurs vertus ; ce sont les mamans-gâteaux des soldats.

Permettez-moi, cher Directeur, de vous dire deux mots des vétérans (dont je fais, hélas ! partie), de ces réservistes territoriaux, les « pantouflards » un peu trop oubliés, et qui remplissent leur fonction pénible, sinon périlleuse, avec le plus réel mérite. Depuis trente-huit jours, ils montent leurs factions toutes les quatre heures ; les ponts, les tunnels, les aiguilles, les viaducs sont par eux gardés, et bien gardés. On n'a pas (dans cette région empoisonnée d'espions) signalé sur la voie un seul ouvrage qui ait sauté. Aussi bien, les susdits « pantouflards » (je vous concède qu'ils sont ultra-pittoresques, avec leurs vestons, leurs paletots, — il y en a un qui met des bottes pour monter la garde !) ont ouvert l'œil. Parfois, la nuit, ils tombent de sommeil ; ils sont dans les courants d'air ; ils suent à grosses gouttes de midi à quatre heures. Mais qu'importent ces misères ! Que sont-elles en regard des souffrances héroïquement consenties par les « bleus » !

Les réservistes territoriaux font bien leur devoir. Et leurs chefs savent à merveille leur affaire. Le capitaine Aubel, qui commande notre secteur, joint l'énergie la plus nette à une courtoisie charmante. Ayant sous ses ordres des hommes de quarante-cinq ans, il obtient d'eux le maximum en leur parlant en ami. Nos sous-offs, chefs de groupes et de postes, ne sont pas moins remarquables. Ils dirigent patrouilles et rondes nocturnes avec autorité. L'un de ces jours passés, une chasse fut donnée à deux espions allemands vêtus en officiers anglais à bicyclette, venus de C..., et on les a cueillis en cinq sept.

J'ai eu l'occasion, en ma qualité de cycliste, de visiter nos amis les Anglais. Ces gens-là sont étonnants. Après deux jours et une nuit de marche forcée, ils gardent une tenue correcte de sportsmen ; à la « pause », au lieu de se coucher sur le talus, ils prennent un miroir et se rasent. Ils fraternisent avec nos troupiers ; on leur apprend le français ; l'un d'eux parlait de « dzigooiller les Boches ».

Que d'incidents extraordinaires auront surgi au cours de cette inoubliable campagne. J'ai vu hier près de la mairie de V...-sur-M... un fantassin belge dont l'odyssée fut bien étrange. Jugez-en. Fait prisonnier lors d'un combat près de Mons, il trouve le moyen de s'évader, entre dans une cabane de bûcheron, y décroche une culotte de velours côtelé et un tricot. Et le voilà à la recherche de sa compagnie. Ne l'ayant pu retrouver, il marche, sans armes, et après huit ou dix jours de voyage, aboutit en Seine-et-Marne !

Je m'arrête, pour ne pas encombrer les colonnes de l'*Intransigeant*. Au moment où je clos cette lettre, deux territoriaux, baïonnette au canon, mènent au poste un chauffeur d'auto-taxi qui, depuis une demi-heure, essayait de semer la panique dans les attroupements en narrant d'imaginaires défaites françaises. Son but ? Oh ! bien simple : affoler la population afin de racoler des clients pour les ramener à Paris moyennant un fort prix. Mais cet homme d'affaires avait compté sans la réserve de la territoriale.

Je vous serre les mains, mon cher Directeur. Votre dévoué,

Louis Vauxcelles,
critique d'art territorial.

XVII

Voici trois lettres écrites à la date du 31 août ; l'une d'un soldat à son ami, la seconde d'un membre de la Ligue des Patriotes et la troisième d'un hussard. Elles dégagent toutes trois la même confiance et le même patriotisme ; elles répandent autour d'elles la même atmosphère de puissant réconfort :

D'UN SOLDAT A SON AMI

... le 31 août 1914.

Cher vieux,

J'ai reçu ta lettre avant-hier, tu ne peux t'imaginer le plaisir que j'en ai eu.

Hier, pour mes 21 ans, j'ai pris un éclat d'obus dans les reins. Nous sommes dans un pays que les Allemands bombardent depuis deux jours.

Le pays où nous sommes est complètement désert ; tout le monde a fui, les Boches y étant passés avant nous.

C'est toujours la même vie de camping et la scène I de l'acte I des *Saltimbanques* reparaît tous les jours : « Auprès de la marmite qui fait son ron-ron ! » Comme ron-ron, les mitrailleuses l'imitent assez bien, mais le canon va un peu fort.

Depuis que je suis parti, je ne me suis pas encore déshabillé et tous les soirs nous faisons l'assaut des granges et du foin. Des fois, les chevaux viennent nous troubler, mais on les remise.

Le plus dur, c'est qu'il est impossible de trouver du tabac ; nous touchons du gros depuis quelques jours.

Je ne me serais jamais douté faire les Vosges à pied. Dommage de n'avoir pas un kodak !

Dimanche, nous avons trouvé un piano, et avec deux artilleurs, nous nous serions crus au Chat-Noir ou tout autre beuglant semblable.

J'espère, sans froisser ton talent d'artiste, que tu laisses les *Lohengrin,* etc., et que, suivant les Anglais, tu boycottes la musique allemande.

Quand je rentrerai à Paris, je pense que tu me joueras une marche triomphante en faux-bourdon de Rimailho ! Ce nom ne te dit rien ? C'est le nom des canons de siège.

... Des personnes venant des environs de Baccarat, et qui se sont retirées devant l'arrivée des Allemands, nous ont raconté la mort héroïque du capitaine Jacques, que nous connaissions très bien. Cet officier s'était un peu écarté de sa compagnie pour se placer à un de ses anciens postes de chasse aux sangliers et, armé d'un fusil de chasse à répétition, avec des cartouches de chevrotines, il a abattu une vingtaine d'Allemands, quand une balle est venue le frapper en plein cœur, lui enfonçant sa croix dans la poitrine. Ses hommes l'ont enterré à la place même où il est tombé.

D'UN MEMBRE DE LA L. D. P.

Chers parents,

Depuis que nous savons que la France a besoin de nous, nous sommes impatients de partir ; on chante, on crie, on ne pense pas aux souffrances et aux privations qui nous attendent, nous ne voyons que le devoir. Et s'il suffisait du désir de vaincre pour remporter la victoire, nous serions déjà de l'autre côté de cette Allemagne maudite.

Si ce pauvre Déroulède voyait cet entrain, il en mourrait de joie !

Nous entendons au loin des grondements qui semblent être le canon, et ces bruits augmentent notre impatience. Que ce sera beau et avec quelle ardeur nous allons venger 44 ans d'injures ! La chère patrie sortira grande et belle de cette guerre et ce sera l'honneur de ses fils d'avoir risqué leur vie, et même de l'avoir donnée s'il le faut pour la faire ce qu'elle doit être : victorieuse entre tous les peuples.

Nepleurez pas. Je pars avec joie. Je songe avec orgueil à toutes ces belles choses apprises jadis. Je me donne entier à celle qu'il faut aimer par-dessus tout et si votre fils tombe, il sera mort en brave, en vrai Français. Je vous embrasse encore bien fort comme je vous aime et en criant avec vous : « Vive la France toujours et quand même ! »

L'ESCARMOUCHE

Mes chers parents,

Voilà près d'un mois que le X... hussards a pris contact avec les Allemands. Beaucoup de camarades sont morts, que nous pleurons, et pourtant quelle plus belle mort peut désirer un Français ?

Certains jours, pendant des heures entières, nous entendons siffler leurs balles, aux Boches ; ils sont si mauvais tireurs qu'il n'y en a pas beaucoup qui portent.

Hier, nous étions à B..., puis à M... Nous avons été attaqués. Nous étions une dizaine environ qui leur avons tenu tête un bon moment ; ils étaient pourtant bien supérieurs en nombre. Enfin, nous avons réussi à en prendre six, que nous avons ramenés. J'aime ces petites escarmouches-là, c'est rigolo.

Vive la France !

XVIII

L'officier qui, au départ de Casablanca, a adressé la letttre suivante à ses parents a le calme courage et la joie superbe de celui qui sait être le défenseur de la plus noble des causes. Il marche à la gloire par le chemin du sacrifice et en faisant le don total de lui-même à la patrie :

Ma chère Marie,
Bien chers parents,

Ainsi, nous y voici à notre tour, pas trop tôt. Comme je vous le disais l'autre jour, notre stationnement à Casablanca nous mettait en bonne posture pour être désignés s'il fallait d'autres troupes.

C'est fait, et comme l'autre jour je dis : « Hourrah ! Trois fois Hourrah ! ».

Et je suis heureux : gravement, saintement heureux d'aller là-bas vers le devoir sacré.

J'ignore tout des mouvements de troupes et des causes qui nous font partir. Je sais seulement que mon régiment est mixte : un bataillon de marsouins et deux de sénégalais — les trois ayant vu le feu plusieurs fois ici — il forme avec un autre régiment mixte de zouaves et de tirailleurs algériens une brigade commandée par le général

Gouraud. C'est un chef celui-là et un vrai colonial, je suis heureux de partir sous ses ordres.

C'est égal, quelle chance, dis, petite sœur, moi qui désespérais tant l'autre jour, je n'en reviens pas encore.

J'étais vraiment désespéré et j'aurais sans doute quitté l'armée si je n'avais pas participé à cette guerre de revanche et de justice.

Et puis, j'ai une grosse satisfaction à marcher avec mon bataillon, avec mes braves tirailleurs que je connais depuis quinze mois, avec mes sous-officiers que j'ai formés, instruits, qui me connaissent aussi, c'est l'idéal.

Et nous ferons, j'en suis sûr, de la bonne, très bonne besogne.

Hier, départ de Casablanca, revue, adieux du général, souhaits de chance et de succès aux premiers sénégalais qui vont à la frontière, puis, départ, musique, adieux de la population :

« Tapez bien sur les Allemands ! » criaient les femmes à nos hommes, et sans trop bien se rendre compte, mais sentant tout de même qu'il s'agit de choses graves, nos bons athlètes noirs riaient de toute la blancheur de leur dents.

Oh ! oui, ils taperont bien, nous taperons bien !

Comprends donc, petite sœur, comprenez donc, chers parents, ma joie et mon orgueil profond. Enfin !... Oh ! l'heure n'est pas aux bacchanales, tous, recueillis, unis et fortement décidés, nous allons, calmes et résolus... ardents aussi... vers le devoir et le sacrifice s'il le faut...

Nous sommes pleins de confiance, les armes sont bonnes et les cœurs bien trempés... Le reste appartient à Dieu.

Je vous écris au large de Tanger. Au loin, les rochers de Gibarltar se dessinent, des torpilleurs anglais chargés de la police sont signalés venant à nous.

Il la font bien la police et nous pouvons aller tranquilles ; la mer est libre. Un croiseur nous avait accompagnés jusqu'ici, il s'en retourne maintenant.

L'embarquement s'est très bien effectué hier. Nous ne sommes pas trop mal et nos hommes se trouvent parfaitement à l'aise, ils passent leur temps à fourbir leurs fusils.

Au revoir, tous (c'est pour tous que j'écris), je vous embrasse tendrement, à plein cœur.

Priez pour moi, puisque vous croyez — mais ne me plaignez point. *Enviez-moi*. Je réalise la plus grande joie de ma vie. Si l'on passe par Paris, je pourrai peut-être vous embrasser, je ferai l'impossible pour cela ; sinon, sachez que je vous garde à tous, toute ma tendresse. Ma chère Marie, embrasse bien, bien fort notre chère maman pour moi.

ADRIEN.

XIX

Celle-ci est encore la lettre d'un chef qui, on le sent, aime ses hommes comme s'ils étaient ses enfants. La vaillance n'exclut pas la sensibilité et l'officier qui foule le sol de la patrie dévastée s'émeut en pensant aux angoisses des malheureux qui ont dû abandonner leurs foyers devant l'envahissement de l'ennemi :

DANS LA MASURE ABANDONNEE

Mon cher parrain,

J'aurais voulu t'écrire plus tôt, mais tu m'excuseras, dans de semblables moments, j'ai tout d'abord voulu rassurer maman et Lilette.

Tu penses si j'ai peu de temps de libre à ces heures, j'emprunte sur le sommeil pour vous donner de mes nouvelles. Vous arriveront-elles ? J'en doute. Ici la ville et tout le pays sont en état de siège et nous sommes privés de tout contact avec l'intérieur.

Nous voici donc à notre poste de combat ; nous avons franchi la ligne des forts et gardons en seconde ligne la route de...

Je t'écris dans une masure abandonnée, dont j'ai fait sauter la porte.

Pauvres gens, ils ont tout laissé, et sur la table où je t'écris sont encore des cahiers de devoirs des pauvres petits qui suivaient, il y a une quinzaine encore, les cours de l'école.

Où sont-ils ? Ils doivent penser à leur logis vide, et au retour, où ils trouveront peut-être tout saccagé.

Quant à moi, je respecte ce lieu comme un sol sacré et espère que la pauvre femme veuve, qui vit ici avec ses deux marmots, retrouvera son foyer comme au départ.

Des enfants restent encore au pays avec leur maman, le père étant parti à la guerre.

Ils nous supplient de ne pas laisser entrer les Prussiens ; ils pleurent, n'ayant pas eu assez d'argent pour partir. Ils lisent en nos yeux l'espoir, ils veulent avoir confiance. Un serrement de cœur nous étouffe ; sans dissimuler son émotion, on leur donne du courage.

Hier soir, un bambin est venu sur mes genoux; il pleurait, nous avons joué ensemble ; il est redevenu heureux et gai et n'avait plus peur.

Ah ! rien que voir ces scènes suffirait à vous donner de la vaillance et à faire grandir en soi le désir de se donner à la Patrie.

Le moral des troupes est magnifique et, avec de tels hommes, nous sentons la victoire.

J'ai bien ma troupe en main et sur chacun d'eux je n'ai qu'un mot à dire : c'est un brave.

Ils iront, s'il le faut, à la mort en chantant, car, tu sais, je ne me reconnais plus ; tout le monde est transformé et nous avons la rage au cœur.

Presque tous mes hommes sont mariés et pères de famille. Hier, je leur ai fait un compte rendu de la situation et ai terminé en faisant allusion au sacrifice que leur demandait la Patrie, les entretenant de leurs femmes et de leurs petits ; ils pleuraient, ces hommes, mais ce n'était pas de peur. Ah ! non !

— Partout où vous irez, mon lieutenant, vous nous trouverez tous et vous défendrons jusqu'à la mort.

Le calme absolu règne ici, et vraiment on se croirait aux grandes manœuvres.

Hier soir, j'ai fait, en dehors des lignes, une ronde d'officier, pour me rendre compte que les sentinelles veillaient. Tout le monde fait son devoir.

Embrasse bien la famille ; je suis avec vous de tout cœur ; votre souvenir m'est un précieux réconfort et demande que vous ne souffriez pas trop des suites de la guerre.

L. J.

XX

A quoi pense un blessé qu'immobilise la souffrance ? La lettre ci-dessous vous l'apprendra. Le brave qui l'a écrite n'avait qu'une idée : repartir vite au front pour prendre sa revanche. Comment ne pas admirer cette héroïque impatience ?

Chers oncle et tante,

Reçu avec plaisir votre lettre me donnant de vos nouvelles, et heureux de voir que vous n'êtes pas trop effrayés des bombes que les Alboches jettent sur Paris.

Pour moi, ma situation n'est pas très grave : un éclat d'obus dans l'épaule, ce n'est pas grand'chose. Espérons que cela soit vite passé, pour que je puisse retourner *prendre ma revanche.*

Hier, j'ai passé à la radiologie, et l'on a trouvé dans mon épaule quelques schrapnels, dont un aurait traversé l'omoplate et touché quelques nerfs, ce qui interdit tout mouvement à mon bras gauche. Quoique tous ces éclats soient assez profondément entrés, je pense qu'on me les sortira.

Tu peux toujours envoyer quelques bouquins et des cigarettes, ce n'est pas de trop en ce moment, où l'on n'a rien à faire.

XXI

Voici une palpitante description d'un combat sanglant dans lequel l'auteur de ces lignes pathétiques a été dangereusement blessé. Sa plume héroïque évoque de temps à autre des souvenirs artistiques, c'est que celui qui a écrit cette lettre émouvante est un artiste aimé du public parisien, un ténor applaudi :

7 septembre 1914.

Mon cher ami,

Vous me demandez une longue lettre vous donnant les détails de mon odyssée ; mon histoire est bien courte, elle peut se résumer en quelques mots : marches forcées, privations, combat, démolition temporaire. Voilà !

Maintenant, si votre insatiable curiosité n'est pas satisfaite, voici quelques épisodes pour la calmer.

Versé dans l'armée de première ligne, j'ai débarqué avec mon régiment à G... juste pour assister à la fusillade de deux officiers allemands qui, déguisés en ouvriers agricoles et employés dans la région depuis trois mois, avaient essayé de noyer la voie ferrée en faisant sauter un canal tout proche.

De là, on alla cantonner dans un village dont j'ai oublié le nom. Je me souviens seulement que le commandant dut menacer un paysan de le faire fusiller pour le décider à donner abri aux soldats dans sa grange, ce qui prouve qu'il y a de tristes sires un peu partout. On apprit alors que les Allemands s'étaient procuré cinq cents tenues complètes de dragons français et que des officiers, endossant ces tenues, parcouraient nos lignes sous forme de patrouilles françaises, obtenant ainsi bénévolement de nos propres troupes tous les renseignements qu'ils désiraient sur l'emplacement de nos corps et des différentes armes. Ordre fut donné d'arrêter tous les officiers, bicyclistes ou estafettes qu'on ne connaîtrait pas. Cela n'alla pas sans occasionner des mouvements de révolte ou d'honneur chez les soupçonnés, mais ils finirent par comprendre que c'était le meilleur moyen de se garer des pièges, et ils s'accoutumèrent à donner les preuves de leur identité le plus rapidement possible et sans colère.

Le lendemain, on partit à marches forcées pour rejoindre la ligne de feu. Il faisait une chaleur accablante. Néanmoins, on avançait quand même. Les hommes du campement que je conduisais et qui précédaient la colonne chantaient des chansons gaillardes pour tromper la fatigue. En arrivant à B..., des femmes et des jeunes filles se précipitèrent à notre rencontre, les bras chargés de fleurs, et nous sautèrent au cou, nous embrassant à pleines lèvres, tandis que d'autres nous offraient des fruits et des boissons. J'eus l'explication de ce chaleureux accueil lorsqu'une jolie brune m'eut appris qu'on avait entendu le canon depuis la veille et que le bruit était allé se rapprochant de plus en plus. Le bruit de la lutte n'avait cessé que depuis une heure environ et la population tremblait de voir arriver les Allemands. L'aspect des pantalons rouges et l'allure martiale de mes hommes leur avaient rendu l'espoir. Il fallait vraiment que notre vue leur ait causé bien du plaisir, car nous n'étions pas appétissants. Pas rasés de huit jours et la figure ruisselante de sueur et souillée de poussière, nous n'avions pas des têtes à provoquer les baisers, moi surtout qui, ne portant pas de moustache, montrais sous mon poil une figure de bandit d'opéra-comique (Don José au quatrième acte). Le soir, on couchait à S.-B... et l'on en repartait à 2 heures du matin. Pour mon compte, je m'étais couché à une heure et, depuis la veille, j'avais vécu avec deux sardines, un sandwich et un quart de vin sucré. Le lendemain, j'eus moins encore : je dus me contenter de bouffer des kilomètres.

Ce n'était pas que les vivres manquassent, mais grâce à mon sacré grade, j'étais toujours à courir lorsque les soldats faisaient la soupe. En temps de paix, il est de toute évidence que j'aurais songé d'abord à ma panse, et que les ordres eussent passé après. Mais, n'est-ce pas ? ce n'était plus l'heure de tirer au flanc, et c'était, au contraire, mon flanc qui s'étirait. Enfin, le soir, on campa dans un bois, et je pus me restaurer. Nous avions rejoint les troupes de couverture qui se battaient en reculant pas à pas.

La lutte, commencée le 10, se poursuivit jusqu'au 17 victorieusement. L'ennemi, refoulé, fut jeté par-dessus la frontière. C'est sur la frontière même que je fus blessé. Je n'eus pas le plaisir de mettre le pied en Allemagne, car mon rôle actif s'acheva le 14 au soir près d'un champ d'avoine, et voici comment. On se battait en marchant depuis le matin, se nourrissant exclusivement de l'eau plus ou moins pure des ruisseaux rencontrés en chemin, car on n'avait pas même eu le temps de faire le café le matin. Nous avions affaire aux Bavarois. On enleva, vers midi, différents points à la baïonnette avec une telle *furia* que, durant la charge et la mêlée qui s'ensuivit, l'ennemi ne réussit à nous abattre que cinq hommes. Au contraire, on leur en « zigouilla » une quantité, si bien que depuis ce moment, les « Boches » ne se hasardèrent plus à attendre l'abordage à la baïonnette. A peine dans le bourg, dont les trois quarts des maisons étaient brûlées, des femmes, des jeunes filles, des vieillards accoururent en pleurant nous souhaiter la bienvenue et nous raconter leurs souffrances.

Les soldats étaient furieux. Onze Allemands surpris par les nôtres ayant voulu se défendre, n'ayant devant eux que six Français, cinq furent tués. Les six autres, effrayés, voulurent se rendre.

Mais le combat à l'arme blanche ne se renouvela plus, l'ennemi ayant pris la tactique de fuir dès que nous arrivions à soixante ou quatre-vingts mètres de lui.

Il pouvait être 6 h. 30 du soir, on tiraillait à la lisière d'un bois, lorsque l'ordre arriva de fournir deux compagnies pour pousser la charge. Douze compagnies formant l'effectif d'un régiment se lancèrent en avant. Mais cette fois, l'ennemi qui occupait des positions fortifiées depuis plus de huit jours et qui avait repéré les divers points du champ de tir qui s'ouvrait devant lui, nous accueillit par des rafales de balles et d'obus, tandis que des mitrailleuses ouvrant le feu sur notre droite nous criblaient de flanc. Malgré la véritable grêle de projectiles qui ravageaient les rangs, on avança pendant au moins 600 ou 700 mètres. Mais le terrible de l'affaire, c'est qu'on ne voyait toujours pas l'ennemi. Seules, très loin devant nous, les décharges pressées des canons nous indiquaient où se trouvait l'artillerie. Mais l'infanterie qu'il fallait déloger, où était-elle ? Les hommes començaient à hésiter, s'entre-regardant comme pour se demander quel était le chemin à suivre ; les rangs flottaient. Le commandant cria : « Tâchez d'aller jusqu'à la crête qui est devant nous. De là, sans doute, on pourra les voir ! » C'est à ce moment que, voyant les rangs hésiter, j'eus la conviction que nous allions tous rester dans le traquenard. Je me précipitai alors en avant pour entraîner les hommes derrière moi, jusqu'à la crête indiquée, bien certain que si j'y arrivais ce serait miracle. Mon attente ne fût pas trompée ; je n'avais pas fait trente pas que je me sentis soulevé de terre comme un simple paquet de linge sale, et je retombai piteusement sur le nez tandis que je ressentais au pied comme une effroyable morsure qui m'engourdissait toute la jambe. Les hommes, lancés de nouveau, passèrent sur moi, courant à l'ennemi. Je me retournai sur moi-même et je vis un morceau de cuivre qui sortait de mon soulier. J'essayai de l'arracher, mais je dus m'y reprendre à plusieurs fois avant d'y parvenir. Puis, comme un soldat frappé à côté de moi venait d'être atteint successivement par cinq projectiles qui avaient fini par le tuer, je m'aplatis contre le sol du mieux que je pus ; tâchant de garantir ma tête avec mes bras. C'est là, sans contredit, le plus sale quart d'heure que j'aie passé. Des balles se fichaient en terre autour de moi ; des obus éclataient à peu de distance, l'un entra dans le sol à un mètre de ma figure, un autre éclata et me couvrit de terre. Réduit à l'immobilité par la violence du choc subi, je voyais tout cela et m'attendais à chaque instant à avoir la tête brisée ou à sentir le choc d'un obus dans mes reins. Je me voyais coupé en deux, ou la tête broyée, ou encore la poitrine défoncée. Vrai, je n'étais pas fier. J'aurais de beaucoup préféré être en train de chanter *la Tosca* ou *Carmen* à l'Opéra-Comique.

Soudain, les survivants de la charge repassèrent au galop. Leur effort avait été enfin brisé par la mitraille et ils se repliaient sur l'arrière.

Cela me donna un coup de fouet. « Les Allemands vont revenir, me dis-je. Comme ils achèvent les officiers et les sous-officiers, je suis fichu. » Et je me mis à chercher mon revolver. Il me fut impossible de le retrouver. Alors, serrant les dents, je me mis à marcher à quatre pattes pour essayer de me « tirer des pieds », selon l'expression commune. Les balles continuaient de me tenir compagnie durant ma retraite, et je parvins néanmoins à me glisser derrière un tas d'avoine coupée, où je me mis à l'abri. Plus loin, du côté français, je vis les officiers qui ralliaient les hommes et de nouvelles compagnies qui arrivaient à la rescousse, tandis que nos mitrailleuses, à leur tour, répliquaient aux Allemands. Cela me rendit confiance ; je me traînai jusqu'à un ruisseau où deux soldats me prirent sous les bras, m'amenèrent jusqu'à un bicycliste qui me chargea sur sa machine et me conduisit à l'ambulance.

Tandis qu'on me ramenait, j'appris que C... était entre nos mains et les Allemands poursuivis de l'autre côté de la frontière. Mais quelle hécatombe pendant cette malheureuse charge !

XXII

La lettre qui suit a été recueillie par M. Maurice Barrès, qui écrit à ce sujet : « J'ai entre les mains la lettre d'un marin qui raconte une heu-

reuse et récente opération de mer ». Et plus loin, il ajoute : « Il y a dans cette âme une richesse de clavier, des sons nobles et nuancés qu'ils ne peuvent fournir et qu'ils n'apprécient pas. Cette conscience qui s'observe, ce souci de rendre justice au vaincu, de plaindre son écrasement, de peser les droits de la force contre un ennemi ; cette évidente horreur de la brutalité ; cette générosité native toute prête à se cabrer, comparez-les à la fureur enragée de ceux qui commandent, exécutent et justifient les faits de Louvain, de Badonviller et de Senlis...

Ce matin, écrit-il, nous sommes tombés sur deux bâtiments autrichiens. Contre eux deux, toute l'armée navale. Accablés par un tir continu et puissant, ils fuyaient de toute leur vitesse, le long de la côte, en répondant courageusement aux coups. L'un a pris feu. Le second, le plus gros, entouré à son tour de la fumée de ses pièces et de celles des incendies allumés à bord par nos coups, s'est légèrement soulevé de l'avant, puis lentement, il s'est enfoncé par l'arrière, et ç'a été fini. Impossible de porter aucun secours. Nos torpilleurs seraient arrivés trop tard. Résultat : six cents hommes tués, brûlés ou noyés... Et maintenant que nous nous éloignons de cette tombe que rien ne marque, le ciel est toujours bleu, la mer toujours bleue ; elle a englouti sans colère 600 de ses enfants. Et pour excuser à mes yeux ce mouvement de force contre un adversaire si inégal, il faut que je pense à tous mes frères français et qu'on a attaqués pour l'anéantir ma patrie.

XXIII

Goûtez l'admirable délicatesse de ce soldat d'hier qui, ayant laissé à la maison sa femme avec trois enfants, oublie sa situation et les dangers qu'elle comporte pour adresser à sa chère compagne les conseils réconfortants qu'on va lire. Il y a là une grandeur d'âme et une fermeté de caractère dont on ne saurait trop faire l'éloge

CONSEILS A SA FEMME

Ma chère R...,

Aujourd'hui je n'ai rien reçu de toi, je ne m'en fais pas de mauvais sang ; je sais que tu te portes bien et que tous tes ennuis ne viennent que de moi. Ne te fais pas de bile à mon sujet, je vais très bien et à présent je suis habitué à coucher sur la paille. Pourvu que cette paille continue, car on ne sait pas si à l'avenir nous l'aurons, il faut savoir se contenter de peu. Je ne pense à rien, je te jure ; je suis tout entier au nouveau métier, je m'applique de mon mieux à ce que mes chefs soient contents de moi.

Comme je le prévoyais hier, j'ai été versé dans

ma section, de sorte que je ne marche plus avec les non instruits ; j'aime mieux cela, c'est plus entraînant et puis, s'il faut un jour se défendre, que je sois à même tout en attaquant de sauver la vie des autres et la mienne.

Ma chère R..., si tu avais vu avec quel entrain et quelle joie a eu lieu le départ d'avant-hier, c'était superbe ! pas une hésitation dans les yeux : les hommes avaient une confiance admirable et absolue sur l'issue de la guerre. Voilà qui restera gravé dans ma mémoire. Je saurai, pour ma part, prendre une leçon le jour où le sort me désignera. Je n'ai pas peur ; ton Jacques saura faire son devoir comme toujours. C'est à toi d'avoir du courage, moi je ne m'appartiens plus. C'est à toi d'être forte et de subir avec résignation les épreuves que la destinée nous réserve ; c'est à toi de penser à tous et pour tous. Va, agis et sois courageuse. N'as-tu pas tes trois chéris pour te consoler ? Tu as là une tâche à remplir. Comme moi, tu ne t'appartiens plus, tu es mobilisée comme moi. Donc, il faut te dire qu'à l'heure actuelle tu es le chef de la famille et par conséquent tu dois être forte et penser pour nous tous.

XXIV

Les deux épîtres ci-dessous témoignent aussi bien de la noblesse de sentiment que de la bonne humeur de ceux qui les ont écrites dans le fracas de la bataille. Que les Boches méditent ce passage de la première : « Ayez toutes vos attentions pour les blessés ennemis » :

Mes chers parents,

Toujours très bien. Malgré une période de travail fou, toutes les fois que possible et si courts qu'ils soient, je vous écris quelques mots et j'espère qu'ils vous parviennent rapidement.

Depuis notre baptême du feu, qui remonte déjà à un mois, on est relativement « confortables », comme disent nos bons amis les Anglais, et l'on ne manque de rien, et si quelque chose fait défaut, l'on s'en passe gaiement. Ne vous inquiétez donc pas à mon sujet. Puisque vous avez cru devoir vous dévouer au service des victimes de la guerre, soignez bien nos blessés, mais ayez aussi toutes vos attention pour les blessés ennemis, c'est là le grand côté de notre belle mission : rendre le bien à ceux qui nous font tant de mal.

Tout le service de santé du front s'y emploie corps et âme depuis le premier coup de feu, et, malgré ses pertes, il continuera...

EN ROUTE

Ma chèrie,

Nous voici de nouveau en route. Ça *distrait*, puis ça évite les pertes d'hommes. Ne crois pas les fausses nouvelles ; aucun soldat de mon régiment n'a encore été tué par les Allemands, et, pourtant, on nous a dit anéantis. Il est vrai que nous avons eu une chaude alerte, et que notre dernière marche a été rude, puisque, partis le mardi 25 août, à cinq heures du matin, nous ne nous sommes couchés que le jeudi, à neuf heures du soir. Ma foi, j'étais content de me déchausser. Malheureusement, il y a en a de plus malheureux que moi, quoique les plus difficiles aient leurs goûts simplifiés. Tout semble bon. Quel dommage que les pommes et les poires ne soient pas mûres ! Je n'en ai, je crois, autant mangé de ma vie. Es-tu infirmière ? Je crois que vous aurez du travail. C'est votre lot, à vous, femmes de ceux qui vont se faire *découdre, de les recoudre*. Je n'ai reçu de toi que trois lettres, ça ne doit pas faire le compte.

XXV

Le soldat qui a écrit la lettre ci-dessous est un psychologue qui sait apprécier la valeur morale des combattants et comparer avec équité les qualités réciproques des adversaires :

14 septembre 1914.

Mon cheval, en tombant épuisé le 7 septembre, après quinze cents kilomètres de chevauchées au contact permanent de l'ennemi, m'a fait perdre l'équilibre... Résultat, un tour de rein ; maladie stupide quand on a vécu sous les shrapnells (plus impressionnants que méchants), devant les fusils (plutôt mal ajustés), mais au contact des mitrailleuses traîtresses. Oui, traîtresses, car le jeu consiste à vous amener devant un fossé, une lisière de bois ou de village où se trouve une rangée d'engins qui vous fauchent avant que vous ne les ayez vus.

Cette fameuse cavalerie allemande, si dense et si impétueuse sur le terrain de manœuvres, n'a jamais osé paraître devant nos escadrons et prendre nos poitrines comme point de direction. Quand elle s'est montrée, c'était pour faire demi-tour à distance, se faire poursuivre et démasquer le canon ou la mitrailleuse. La charge est morte en Allemagne ; du reste dans la charge il y a du chevaleresque, et le chevaleresque ne cadre pas avec la mentalité d'une nation où les généraux parlent « du bien-être et de l'honneur de l'Allemagne » ; le bien-être d'accord, l'honneur ensuite... et cela en face des Belges, qui ont voulu ignorer leur bien-être pour ne penser qu'à leur honneur.

Elle nous a enthousiasmés cette Belgique depuis le début, et par sa résistance et par son accueil. Le 6 août, date du commencement de notre marche sur Liège, restera dans mes plus émotionnants souvenirs : les femmes nous jetaient des fleurs, les hommes offraient à boire, à manger, à fumer, et au-dessus de cela tous criaient : « Vive la France ! ».

Oui, le peuple belge est un peuple admirable, il nous a donné tout ce qu'il avait et du meilleur cœur, et — il faut dire toutes les vérités — quand nous sommes rentrés en France, par Jeumont, etc.., nous avons quelquefois regretté de ne plus être en Belgique. Nous ne nous sommes pas toujours trouvés en présence du courage civique des autorités et du bon accueil des populations.

De l'armée ennemie, quelques mots : une préparation matérielle remarquable, indiquant que la guerre était bien voulue pour cette heure, des officiers braves, mais gaspilleurs du sang de la troupe ; des gradés subalternes à hauteur de leur tâche ; une troupe sans individualité et qui tient plus du troupeau que de la troupe. Une troupe qui ne sait ni pourquoi ni contre qui elle fait la guerre, et qui n'a qu'un but : manger, dormir et voir l'armistice. Ce qui a fait leur poussée si dure, ce fut leur nombre, indépendamment du matériel.

Quand il y a une masse d'ennemis, quand il en vient encore, quant il en vient toujours, malgré le courage des défenseurs, malgré leur tir, il y a des moments où le nombre de ceux qui passent est tel que le terrain doit être cédé. Et ce fut l'histoire de la ruée depuis Charléroi jusqu'à Coulommiers. C'est la tactique allemande.

Cela coûte beaucoup de bataillons. Mais ces pertes paraissent importer peu à des chefs qui, à Dinant, faisaient jeter à la Meuse leurs blessés aussi bien que leurs morts dont les corps encombraient le pont. Nous estimons tous que les Allemands auraient pu perdre beaucoup moins de monde et les lettres saisies sur les officiers ennemis qui se plaignaient de sacrifices inutiles de vies humaines sont parfaitement raisonnables. Ce mépris de l'existence du soldat résulte de l'idée de supériorité inculquée aux gradés... L'Allemand, une fois sorti du rang, se prend pour un « surhomme » et l'empereur se garde de troubler cette conception ; lui qui est si bon prédicateur et qui parle du Gott protecteur de l'Empire, du Gott sécheur de poudre, du Gott remouleur de glaives, se garde de causer du Gott mort sur la croix pour sauver indistinctement l'humanité depuis la race des kaisers jusqu'à celle des soldats de deuxième classe.

Quant à nos troupes, officiers et soldats, elles sont merveilleuses maintenant qu'elles sont plus prudentes, spécialement nos Africains si impétueux. Tous ont compris et aujourd'hui avec moins de pertes, ils font plus d'ouvrage. Puisque nous avons un 75 qui est capable de battre les tranchées et de bousculer les mitrailleuses, il est inutile de nous lancer tant que la préparation n'a pas été suffisante.

Ce sont les guerres d'hier qui font la force de

la Russie et de la Serbie, qui maintenant ont l'expérience.

J'espère rejoindre bientôt et faire autre chose que des combats d'arrière-garde... Depuis la semaine passée le genre des opérations doit être modifié. Vive la marche en avant !

P.-S. — J'ai fait un joli coup de tir de longueur sur un cycliste de Hanovre. Dans sa poche, un calepin pour ses impressions personnelles. Sur ce calepin, cette note : « Dans un village nous avons pris cinquante habitants et nous les avons fusillés. » Leur barbarie n'est donc pas un racontar.

(*Liberté*, 18 septembre.)

XXVI

Lecteurs, saluez ! Voici la lettre d'un héros, le général Leman, qui, lorsqu'il eut été fait prisonnier, l'adressa au roi des Belges. Le glorieux défenseur de Liége, quoique sa conduite héroïque ait soulevé d'admiration le monde entier, croit devoir s'excuser auprès de son souverain. Ce grand soldat, si modeste, ignore la gloire dont son nom est auréolé :

Sire,

Après d'honorables engagements livrés les 4, 5 et 6 août, je jugeai que les forts de Liége ne pouvaient jouer d'autre rôle que celui de forts d'arrêt.

Je maintins néanmoins le gouvernement militaire pour coordonner la défense autant que possible et pour exercer une influence morale sur la garnison.

Votre Majesté n'ignore pas que j'étais au fort de Loncin le 6 août à midi.

Vous apprendrez avec chagrin que le fort a sauté hier, à 5 h. 20 du soir, et que la plus grande partie de sa garnison a été ensevelie sous ses ruines.

Si je n'ai pas perdu la vie dans cette catastrophe, cela tient à ce que mon escorte m'a retiré de la place forte au moment où j'étais suffoqué par le gaz qui se dégageait après l'explosion de la poudre.

On me porta dans une tranchée, où je tombai. Un capitaine allemand me donna à boire, puis je fus fait prisonnier et emmené à Liége.

Je suis certain d'avoir manqué d'ordre dans cette lettre, mais je suis physiquement ébranlé par l'explosion du fort de Loncin.

Pour l'honneur de nos armes, je n'ai voulu rendre ni la forteresse ni les forts. Daignez me pardonner, sire !

En Allemagne, où je me rends, ma pensée sera, comme elle l'a toujours été, avec la Belgique et le roi. J'aurais volontiers donné ma vie pour les servir mieux, mais la mort ne m'a pas été accordée.

Général Leman.

XXVII

La lettre qui suit d'un fils à son père a été publiée par M. Maurice Barrès, qui en a fait goûter à ses lecteurs la mâle et patriotique énergie et le courage chevaleresque :

C'est à toi, mon cher papa, que j'envoie cette lettre, à toi, parce que je veux te raconter le combat auquel je viens de prendre part, et que je craindrais d'épouvanter maman. Avant-hier, j'ai été baptisé au feu. Spectacle terrifiant, mais superbe, où la vaillance a été au premier rang. Et d'abord je tiens à te dire que je n'ai pas été accroché. Je suis sorti indemne de cette lutte fantastique ; la petite médaille que Charlotte m'a donnée m'a protégé...

A 6 heures, le régiment arriva sous la ligne de feu. Une nuée d'obus nous accueillit. Moi, comme fourrier, je me tenais avec le chef de bataillon. Le premier obus allemand tombe à dix mètres, nous couvre de terre et ne nous touche pas, car il faut te dire que leurs projectiles d'artillerie ne sont pas dangereux. Nous continuons donc d'avancer sous cette mitraille, et très peu d'hommes tombent. Où le combat est devenu terrible, c'est lorsque, à douze cents mètres, nous nous sommes heurtés aux mitrailleuses. Là, ce fut colossal. Il nous semblait être dans une fournaise.

Les balles sifflaient à nos oreilles et faisaient de terribles ravages ; des blessés pourtant plutôt que des morts.

Nous, les quatre fourriers du bataillon, nous abordons à une crête où s'installe notre commandant. La mitraille pleut, et malgré cela nous avons le sourire. Tous, à ce moment-là, nous sommes pénétrés par la tâche sublime qui nous est confiée. Je ne pense pas un seul instant à la mort, au milieu des sifflements. Une seule idée m'anime, la France qui vous représente tous.

Cependant les hommes tombent, et notre commandant nous dit : « Les enfants, il faut aller communiquer les ordres. Si vous ne revenez pas, j'en enverrai d'autres. »

Un camarade part le premier. Il n'est pas revenu. Peut-être n'est-il que blessé. Un deuxième s'en va. Il revient avec deux balles dans les jambes. Moi, je pars le troisième, et reviens sain et sauf. L'adjudant qui est avec nous part et reçoit une balle. Enfin, de toute la liaison de bataillon, je reste le seul. Mais si nous avons des blessés en quantité, les Allemands, eux, c'est terrible. Il y a des tranchées où ils sont des centaines de morts restés debout. En définitive, nous avons un gros succès sur toutes nos lignes.

Donc, confiance, mon cher papa. Voici mon premier combat passé. J'ai vécu des heures inoubliables et j'ai compris tout ce qu'il y a de beau et de grand à défendre la France. Nous sommes prêts à tout pour la victoire. Au revoir, cher papa, conserve au cœur l'espérance et dis-toi bien que ton fils sera toujours où est l'honneur.

XXVIII

L'un des neveux de MM. Isola frères, sergent-major dans un bataillon de chasseurs alpins et blessé dans un combat de l'Est, écrit à ses parents l'intéressante lettre suivante :

Bordeaux, le 1ᵉʳ septembre 1914.

Chers oncles et chères tantes,

Je viens vous donner de mes nouvelles et vous parler de nos premiers jours de bataille. Vous raconter les détails, je ne le puis. J'ai combattu avec mon bataillon en Alsace pendant sept jours, toujours en avant-garde. Nous nous sommes battus comme de vrais lions. Nous avons fait tout notre devoir. Ma compagnie a beaucoup souffert le 19 août. Nous nous sommes battus à la baïonnette pendant 2 h. 1/2 corps à corps. Nous étions 250 et nous avons laissé à nous seuls 782 Prussiens sur l'herbe. C'était du beau travail. Mais, hélas, j'y fus blessé et je suis bien ennuyé de ne pouvoir continuer à me battre.

J'ai la main gauche presque perdue. Une balle m'a arraché une partie de la main ; mais ce n'est rien. J'ai passé près de la mort. Ma montre en acier m'a sauvé la vie. Je l'avais attachée à un cordon à mon cou. Je reçus la balle en pleine poitrine ; mais cette balle toucha ma montre qui fut écrasée sur ma poitrine et ricocha en me blessant à la main.

Cette montre fait la curiosité de tout le monde et je la conserverai toute ma vie.

Je suis soigné à Bordeaux, dans un hôpital temporaire. J'y suis très bien. Ce qui m'ennuie, c'est d'être bien seul. Je crois que je ne pourrai quitter l'hôpital avant un mois. Ensuite j'aurai un congé d'un mois ou deux. Mais, hélas, ma main m'empêchera de retourner au feu et j'en suis bien ennuyé. J'aurais voulu rejoindre mon pauvre bataillon et continuer à me battre pour mon pays. Si je puis y retourner avec une seule main, je le ferai.

Je serais heureux d'avoir de vos nouvelles. Elles me feront plaisir et je me croirai moins seul.

Je termine en vous embrassant de tout mon cœur.

Signé : E. M.
(*Information 27 septembre.*)

XXIX

Ce qui suit est le carnet de route d'un lieutenant. A travers les péripéties de la lutte, cet officier qui, hier, était le collaborateur littéraire d'un grand quotidien montre avec quelle crânerie, quelle héroïque insouciance, quel mépris du danger, il a accepté toutes les servitudes militaires. Ces fragments de lettres permettront d'apprécier en regard des atroces produits de la « Kultur » allemande quels hommes a produits la culture française :

15 août. — Vraiment les manœuvres sont plus fatigantes que la guerre... Tu dois trouver que je deviens gourmand. Je vérifie cet axiome qu'un soldat en campagne ne songe qu'à manger. C'est vrai. Manger quand on le peut et dormir quand on s'arrête. Le soldat ne voit rien d'autre. Quand il a le ventre plein, il est insouciant, joyeux, toujours content. J'ai une section composée de rudes lapins qui se jetteraient devant les balles pour me protéger. Ils se sont baptisés « la section des Zigomars, les toujours contents, les pas bileux ».

28 août. — La bataille du 25 fut très meurtrière. Notre division de réserve s'est sacrifiée pour retenir deux corps d'armée ennemis et les empêcher de se porter en avant. Ça a parfaitement réussi, puisque l'ennemi est en pleine déroute, laissant des tas de morts. De notre côté, nous avons surtout des blessés. Toutefois, sur 18 officiers, il en reste 3 intacts au bataillon : le capitaine C..., le sous-lieutenant S... et moi. C... s'est conduit plus qu'en héros, il est cité à l'ordre

du jour de l'armée et proposé pour commandant. Je suis proposé pour lieutenant. Sur 250 hommes de ma compagnie, il en reste 62 de valides. J'ai pris le commandement. Pendant six heures, nous avons tenu sous des volées de mitraille ; plus de cinq cents obus sont tombés au milieu de nous, mais ils n'ont pas été meurtriers. Ce sont les balles qui ont fait le plus de ravage. En l'espace d'une heure, j'ai vu tomber 30 hommes de ma section autour de moi. Tous mes voisins y sont restés. Je me demande comment j'ai pu faire pour n'être pas touché. Quand je n'ai plus eu personne à mes côtés et que j'ai aperçu les Prussiens à 50 mètres, j'ai allumé ma cigarette et je suis parti tranquillement, en me retournant de temps en temps pour voir s'ils me poursuivaient. Ils se contentaient de me tirer dessus. Pendant les 400 mètres que j'avais à faire pour gagner la crête où j'étais à l'abri, je n'exagère pas en disant qu'il est bien passé deux mille balles sur la pente autour de moi. Je voyais les hommes qui se pliaient tomber par paquets. J'ai aperçu nos mitrailleuses en danger d'être prises ; je les ai rejointes et aidé à les sauver avec le lieutenant F... qui avait trois balles dans le bras droit.

Le général a envoyé ses félicitations au régiment qui s'est sacrifié pour assurer la victoire. Mais je te supplie de ne pas t'inquiéter ; puisque j'ai échappé cette fois, je ne peux plus désormais être touché. Je n'ai pas eu une minute d'émotion. Je n'ai pas commis d'imprudence, mais je me suis bien montré, et dans tout le régiment on parle du sous-lieutenant qui fumait si tranquillement sous la mitraille. Dommage qu'on n'ait plus à recommencer une journée pareille. Les blessés et les tués ne m'ont fait aucune impression. On n'y pense pas du tout. Mon sergent-curé dont je t'ai parlé a eu la tête fracassée par un éclat d'obus; je l'ai regardé une seconde, et, tout de suite, j'ai fait continuer le feu. Le plus impressionnant ou, plutôt, le plus captivant, c'est, après la bataille, les convois de blessés. On se précipite pour savoir si on connaît quelqu'un ; on serre des mains, on s'embrasse. Hier soir, nous dînions, quand on nous apprend qu'on amène le capitaine A..., blessé. On avait cru qu'il était mort. Nous avons tous quitté la table et nous nous sommes précipités vers la voiture d'ambulance. Il était resté soixante heures sur le champ de bataille sans qu'on l'ait trouvé. Les Allemands lui ont tout pris : son alliance, son argent, jusqu'à son képi, et ils ne l'ont pas soigné, tandis que nous, nous rapportons leurs blessés et les soignons comme les nôtres. Je ne suis pas fatigué, malgré le travail administratif que j'ai maintenant dans la compagnie.

Je t'écris dans une tranchée où nous avons passé la nuit, tandis que le canon tonne sans interruption à 5 ou 6 kilomètres. Tout à l'heure, on entendait encore le leur. Maintenant, il s'est tu, ou il est trop loin. Ils reculent... En avant !

4 septembre. — Nous sommes depuis huit jours dans des tranchées, où nous vivons sous le bombardement qui ne cesse pas, tant de leur côté que du nôtre. C'est un duel d'artillerie, et les obus ne nous atteignent pas.

Du reste, les leurs ne font du mal que s'ils tombent sur un homme. A un mètre, on ne risque rien que d'être jeté par terre. Nous ne savons quand nous sortirons de ces trous ; nous y sommes mieux que dans des villages, car ces cochons-là brûlent chaque soir un village avec des obus incendiaires. C'est, sur les routes, de longues files de gens qui s'enfuient, épouvantés. Mgr Rusch, aumônier en chef de l'armée de l'Est, part tous les jours, vers minuit, avec les infirmiers, et rapporte tous les blessés qu'il peut.

5-6 septembre. — Mon cher papa, ainsi que je te l'ai écrit, j'ai été nommé lieutenant à la date du 1er septembre. A la date d'aujourd'hui (soit le 5 septembre), je suis capitaine à titre provisoire, c'est-à-dire que je garde mon grade de lieutenant, mais que je suis appelé au commandement d'une compagnie. J'en ai pris possession hier soir, et j'ai eu à la diriger pendant le combat de cette nuit et d'aujourd'hui. Je ne m'en suis pas trop mal tiré, bien que ce soit lourd de diriger 220 hommes. Je n'ai pas été blessé, bien que la journée ait été chaude. Je crois que je suis invulnérable. Quant à la fatigue, je n'en ai pas encore ressenti la moindre. Hier, j'avais eu la chance de trouver un lit, chose que je n'ai pas connue depuis trois semaines, et, ma foi, je m'étais déshabillé complètement. De 20 heures à 2 heures, je pensais faire une bonne nuit. Oh ! bien, oui. Je n'étais pas encore endormi qu'on nous alertait, et au feu. En trois minutes, j'étais prêt, et nous sommes partis sur la ligne. Ce soir, le combat continue, mais nous sommes en deuxième ligne, dans des tranchées où nous passerons la nuit. Nous n'y recevons que les obus qui n'ont jamais fait de mal à personne.

XXX

La race héroïque des « braves gens » de Reischoffen n'a pas dégénéré. La preuve en est dans la lettre suivante d'un cuirassier insatiable de gloire, qui a fait des prodiges de valeur, mais qui veut faire plus encore :

J'ai vu le feu tous les jours depuis vingt-cinq jours ! J'ai vu dans mon peloton quatorze de mes camarades tomber percés de balles. J'ai reçu le baptême des obus. J'ai chargé, et je suis encore debout... J'ai, dans une escarmouche à trois contre sept dragons allemands, sauvé mon officier, et, un sale Boche ennemi des Lorraines, après que je lui avais donné la mort de mon sabre, m'a en tombant percé le pied droit. Mais je suis encore fort, et je charge en pantoufles... J'ai déjà fait ma part, mais je la veux plus grande !

XXXI

La valeur n'attend pas le nombre des années. La France ne manque pas de Barra et de Viala qui, en dépit de leur jeune âge, sont impatients de servir leur pays d'une façon ou de l'autre. Voici la lettre touchante d'un petit Français au président de la République :

Monsieur le président,

Comme je suis encore trop jeune (je n'ai que treize ans) pour rendre service à ma patrie, j'ai malgré cela pensé que je pourrais aussi être utile. Je crois qu'en ce moment notre belle France, si elle a besoin de beaucoup d'hommes, doit aussi avoir besoin de beaucoup d'argent. Alors j'ai décidé que je devais faire quelque chose. Ce ne sera pas une action d'éclat, mais ce sera tout ce que je peux faire pour le moment.

Voici mon projet, et je vous supplie de me permettre de l'accomplir. Par suite de mon application à l'école, j'ai cette année obtenu mon certificat d'études et en outre un prix spécial que l'on va me donner, un livret de 50 francs de la Caisse d'épargne. Ces 50 francs, je veux les employer comme suit : je comprends que c'est au moyen de la perception des impôts que la France peut payer tout ce qu'elle achète. J'ai pu voir la feuille d'imposition que mon père a reçue, que nous devions payer 30 francs. Voulez-vous m'autoriser à payer cette somme ? Il restera 20 francs que je voudrais vous envoyer à vous personnellement. Vous saurez mieux que moi l'employer.

Mon père est parti pour la guerre. J'aurais bien voulu faire plus, mais hélas ! nous ne vivons en ce moment que sur l'allocation que ma mère reçoit tous les mois, et je n'ai pas autre chose. Je vous supplie d'accepter mon offre, qui est faite du fond du cœur, et je vous prie de croire à ma grande admiration.

Joseph ROUSSET,
11, rue du Village, Marseille.

XXXII

Exilés loin de France, privés de nouvelles, souffrant de la faim et de dures privations, les prisonniers de guerre se recueillent dans les geôles de l'Allemagne. L'un d'eux a pu faire parvenir en France le texte du discours prononcé par un de ses compagnons de misère, le jour des Morts (2 novembre 1914) sur la tombe des prisonniers de guerre français décédés au camp de Lechfeld (Allemagne) en 1870 et en 1914. Ces paroles constituent la plus émouvante missive que la France en armes ait pu recevoir de ses enfants captifs qui, torturés par l'angoisse, souffrent mais espèrent...

Français ! dont l'enfance a été bercée aux grands échos de la dernière guerre, et dont l'âge mûr participe aux graves événements d'aujourd'hui, nous avons voulu saluer ensemble et réunir en un même hommage nos anciens de 1870 et nos compagnons de 1914, que la mort a rapprochés sur cette terre lointaine.

Camarades ensevelis au pays d'exil, nous venons accomplir sur vos tombes le pèlerinage sacré de la fraternité d'armes et du souvenir, remplir la mission dont on nous demandera compte là-bas, de remplacer un peu aujourd'hui par notre présence autour de vous les larmes d'une mère, la prière d'une épouse, l'agenouillement pieux d'une femme ; nous venons établir entre vous et la Patrie absente, la chaîne indestructible des âmes.

Soldats, respirez comme un brusque et puissant appel de la terre paternelle le parfum de ces gerbes de fleurs et de verdure que nous déposons sur vos corps. Soldats, écoutez frémir dans la voix des vivants qui vous entourent, qui vous pressent, qui vous parlent, les affections innombrables des vôtres, la tendresse inquiète des cœurs des fiancées.

Recevez encore le serment que plus tard, c'est

nous qui leur rapporterons entre nos doigts quelques brins du gazon qui vous recouvre, dans nos regards l'aspect des lieux où vous reposez.

Oui, nous voici aujourd'hui tout près de vous, nous voici pour peupler votre solitude, ô vous qui êtes les fils de la même France que nous, et qui avez été jusqu'au bout du grand sacrifice exigé, puisque vous avez donné, non pas seulement votre vie, mais le doux, le suprême espoir consolant de vous en retourner quand même auprès des vôtres et de dormir sous le sol natal.

Qu'ils soient au moins, ces prisonniers de guerre éternels, un exemple de tous les instants pour les survivants dont la captivité doit avoir un terme, mais qui trouvent parfois lourdes les heures de la solitude inactive.

Nous apprendrons de vous, camarades, que si les circonstances nous ont arrachés au théâtre du grand drame qui se joue loin de nous, nous devons, acceptant cette destinée d'un cœur serein mais non pas léger, rester graves, rester des soldats de France, parce que, prisonniers de guerre ou combattants du champ de bataille, nous sommes toujours au service de la Patrie.

Soldats, compagnons d'armes, ce n'est pas adieu que nous vous disons. Vous êtes, vous serez nos glorieux morts de Lechfeld, chers disparus, vers qui s'en vont aujourd'hui les pensées d'une famille innombrable, vrais soldats à qui nous adressons, en vous quittant, le seul salut qui vous convienne et dont vous êtes suprêmement dignes : *le salut militaire.*

Au revoir ; nous pensons à vous...

XXXIII

Ici, il n'y a pas à commenter. Les grandes admirations sont muettes. Inclinons-nous bien bas devant cette lettre d'une Parisienne dont le fils, engagé volontaire malgré une santé chancelante, est mort à l'ennemi. Voici en quels termes cette mère cornélienne remercie la personne qui lui a annoncé le glorieux décès de son enfant :

Monsieur,

Je vous remercie très sincèrement de la lettre que vous avez bien voulu m'écrire. Merci surtout du soin que vous avez pris de m'annoncer avec tant de ménagements délicats la terrible nouvelle qui m'accable...

Dans ce malheur effroyable, une grande consolation me reste. Pendant dix-sept ans, j'ai disputé mon fils à toutes sortes de maladies. J'avais pu l'arracher à la mort, à force de soins constants. Je suis profondément fière d'avoir réussi à le conserver pour lui permettre de mourir pour la patrie. Là est ma grande consolation... »

XXXIV

Le récit d'une épopée par un illettré, voilà ce qu'est la lettre suivante, adressée par un modeste ouvrier à sa sœur. On goûtera le mouvement, la couleur, le pittoresque de cette épistole familière écrite en pleine bataille et qui semble y transporter le lecteur ému :

Figure-toi une nuit très noire. Je suis enfoui dans une tranchée à l'intérieur d'un bosquet, attendant mon tour d'être sentinelle. Le voici enfin ; il est cinq heures du matin ; il fait froid ; la bise est glaciale ; je claque des dents derrière la haie où je suis factionnaire ; mais ma couverture de laine et les tricots de maman ont raison de l'intempérie. Pourtant les oreilles souffrent car il ne faut pas les couvrir ; on n'entendrait pas les pas des Boches dans la nuit. Dans l'ombre je ne distingue rien ; nul bruit ne trouble les petits vallons d'en face. Six heures sonnent au clocher de E... Le brouillard s'épaissit. Aux derniers échos de l'horloge succède le sifflement bien connu d'une balle allemande, puis deux, puis trois. A la première, j'étais à genoux ; à la deuxième j'étais couché, car elles passaient près de moi quoiqu'elles ne me fussent pas destinées. C'était l'attaque par les Allemands du village de E..., à 1,000 mètres devant moi. Maintenant, le canon boche tonne et les camarades du village ont déjà riposté. Le concert a commencé : *zrou ! zrou ! pif ! paf ! crac ! crac !* En place pour le quadrille ! En effet, l'ordre me vient de rejoindre les camarades. Alors, à travers champs, pas de gymnastique et sac au dos ! On court en silence. Pas un mot ! On n'entend que l'haleine rapide. Nous piquons droit sur le cimetière. Nous y voici, accroupis derrière le mur. Mais il fait clair. On va voir les Boches ! Vite à droite et à gauche, on débouche et d'un bond on est sur la crête. Les voilà ! On se couche dans la terre mouillée et *pan ! pan !* on tire sur les casques à pointe. Ah ! quelle minute ! Quelle musique ! Nous les arrêtons à gauche. Alors ils fuient vers la droite. Il vont nous tourner et ils sont si nombreux, cinq contre un. Mais on s'en aperçoit et voici l'ordre de la retraite. Avant de partir j'aperçois, grimpé à un arbre, un Boche à cent mètres. *Pan !* Il tombe ! Et en route pour la retraite ! Vite, vite, il faut ramper, bondir, car les balles pleuvent : un camarade est tué raide, puis deux, puis trois, jusqu'à sept qui resteront là endormis pour toujours ! Les Allemands occupent le village. Nous avons cédé sous le nombre. Mais ce ne sera pas pour longtemps. Déjà le 75 tonne et la grosse voix du canon de forteresse fait vibrer le sol. Les obus s'abattent sur le village dans un fracas de tuiles. Des gerbes géantes de feu et de poussière montent vers le ciel. A droite, à gauche, devant, derrière et dessus la mitraille accélère son rythme triomphant ! Et cela dure deux heures. Puis pour la deuxième fois, nous montons à l'assaut. Cette fois on a le cœur content, car derrière nous les canons vomissent toujours. En tirailleurs, une ligne de soldats marche sus à l'ennemi. Les Allemands tiennent bon d'abord, mais bientôt ils fuient, affolés, traversant la S... dans l'eau et la vase et laissant derrière eux combien de morts et de blessés ! Ça y est ! E... est à nous. Il est quatre heures de l'après-midi.

Et voilà l'affaire. Voilà nos petites distractions. Voilà notre vie. Elle est dure, mais c'est la guerre. Faisons-la bien pour avoir une bonne paix.

XXXV

Rien n'est plus touchant, au cours de cette guerre formidable, que de constater la sollicitude amicale, la fraternelle bienveillance des chefs pour leurs subordonnés. Voici une lettre d'un commandant d'infanterie qui donne à un journal des renseignements sur la mort d'un soldat sous ses ordres. On y verra comment nos officiers assistent les plus humbles troupiers. Ce n'est certes pas chez les Boches, dont les officiers sont réputés pour leur morgue et leur insolence, que de pareils faits pourraient se produire. Il y a, en effet, une différence entre ces procédés et la pratique allemande du chat à neuf queues :

Monsieur le rédacteur en chef,

Dans votre numéro du 1ᵉʳ novembre, sous la rubrique : « Où sont nos chers blessés ? » je lis : « Veuillien Emile, soldat au 230ᵉ d'infanterie, blessé le 25 août en Meurthe-et-Moselle ». Je puis, à ce sujet, vous donner les renseignements suivants :

Veuillien était sous mes ordres, à la 22ᵉ compagnie du 230ᵉ d'infanterie. Le 25 août, vers deux heures, nous étions couchés, côte à côte, à la lisière d'un bois, près de Rozelieures. Ma compagnie était en seconde ligne et n'attendait qu'un ordre pour renforcer la chaîne et se porter sur le village tenu par l'infanterie allemande.

Les balles, dirigées sur les premières lignes, pleuvaient autour de nous. Tout à coup, un sifflement plus prononcé que les autres, un bruit sec tout contre moi, à ma droite.

Veuillien me dit :

— Je suis touché.

En effet, une balle avait traversé la bretelle de son sac et était entrée dans l'épaule.

— Ce n'est rien, fis-je, une blessure à l'épaule !
— Oh non, mon capitaine, ça va au cœur.

En même temps, je mettais Veuillien sur le dos, je décrochais son sac, je dégrafais sa capote, quand, tout à coup, me saisissant les deux mains, Veuillien se redressa et, me regardant avec des yeux fixes, et démesurément ouverts :

— Oh ! ma femme, ma pauvre petite femme ! gémit-il.

Il retomba. Quelques contractions, un peu d'écume rougeâtre aux lèvres. C'était fini. Veuillien était mort en brave.

L'ordre arrivait de se porter en avant. Personne du régiment n'est plus repassé jamais, depuis, sur ce terrain, à la lisière de ce bois, où dorment tant de braves inconnus comme Veuillien.

Veuillez agréer, monsieur, l'assurance de mes sentiments distingués.

P. IMBERT,
chef de bataillon au 230ᵉ d'infanterie.

XXXVI

Le courage précoce des jeunes Français est un des traits les plus frappants de cette époque. Lisez la touchante lettre suivante, d'un enfant de onze ans, et aussi la réponse émue du général à qui elle était si crânement adressée :

Thivet, 16 avril.

Monsieur le général Plagnol, à Chaumont,

Je viens vous sollissité de bien accepter ma demande, car, depuis les hostilités, je veux toujours m'engager. Maintenant si M. le général veut bien accepter ma demande comme enfant de troupes, vue mon jeune âge, ne pouvant m'engager volontairement. Je tiendrais le plus que possible d'être enfant de troupe au 109e, où papa a fait son service militaire, dont il est versé au télégraphe et dont j'ai aussi un cousin germain qui est Minzel (Lucien), qui est lieutenant. Il a été blessé par les Boches. Je veux aller le venger. Mon idée est fixe, car depuis le début de la guerre, je me suis appris à tirer et je vous promet que je ne les manquerais pas, car je veux tuer des Boches.

Dans l'espoir de recevoir une bonne nouvelle, mes sincères salutations...

PIERROT.

Voilà mon âge : onze ans et demi.

Adresse : Pierrot André, chez sa grand'mère, veuve Pierrot, à Thivet, par Nogent-en-Bassigny (Haute-Marne).

Le général Plagnol, ému par tant de courage et de décision chez un enfant de onze ans, a fait la réponse suivante :

Mon cher enfant,

Votre lettre me demandant l'autorisation d'aller au feu comme enfant de troupe, avec le 109e d'infanterie, régiment où a servi votre papa, m'a très vivement touché.

Mais il n'y a pas d'enfants de troupe au front !

Vous n'avez que onze ans et demi. Vous êtes tout petit, néanmoins vous avez le cœur très haut placé.

Continuez de bien travailler auprès de votre grand'mère. Vos sentiments actuels me sont une sûre garantie que vous serez plus tard un vaillant soldat et un excellent citoyen.

Je serre bien affectueusement votre petite main.

PLAGNOL.

XXXVII

Deux lettres qu'il convient de mettre en parallèle. L'une est adressée par une mère allemande à son fils au début des hostilités ; elle en dit long sur l'état d'esprit de nos ennemis. L'autre est aussi d'une mère à son fils, mais celle-ci est une mère russe qui enseigne que la générosité honore le courage et qu'on doit respecter un ennemi tombé. L'officier à qui était envoyée cette dernière lettre a été tué sur le champ de bataille et c'est sur son corps qu'elle a été trouvée :

LETTRE D'UNE MERE ALLEMANDE

Lengenfeld, 19 août 1914.

Mon cher Charles,

Je te dirai que nous avons reçu tes cartes et tes effets, tout ceci avec grande joie. Ne le prends pas en mal si nous ne t'avons pas répondu plus tôt, nous ne savions pas ton adresse exacte. Aujourd'hui, nous avons reçu ta carte et nous avons répondu tout de suite.

Jusqu'à aujourd'hui, nous allons tous très bien et sommes tous en bonne santé, seule chose que nous souhaitons pour toi. Un fait pourtant : il y a quatorze jours que nous ne travaillons plus : il n'y a que trois fabriques qui travaillent et seulement pendant trois jours : la fabrique de coton et la filature ne travaillent plus que trois jours. Nous ne savons pas au juste quand cela ira mieux, mais nous devons espérer que vous ferez bientôt votre entrée à Paris et que *vous nous rapporterez beaucoup de bijouterie et de montres en or*, parce que l'argent chez nous fait défaut.

Cher Charles, nous devons payer les contributions, et pas un seul centime à la maison. Samedi, Michel est venu pour toucher l'assurance, mais nous n'avons pas payé ; seulement pour toi il a fallu payer. Nous espérons que cela ne durera pas plus longtemps : *sitôt que vous aurez pris Paris ce sera fini.*

Exterminez toute cette bande de brigands que l'on appelle l'armée française.

Beaucoup de bonjours t'envoient ta mère, tes frères et sœurs, ainsi que tous tes amis. Nous espérons que tu nous reviendras en bonne santé ; *mais encore une fois, n'oublie pas les montres en or.* Nous sommes tous tranquilles, il n'y a rien au-dessus de l'armée allemande.

Veuve Marie WEILAND.

LETTRE D'UNE MÈRE RUSSE

Le Times *publie une lettre écrite à un officier russe par sa mère :*

Votre père a été tué très loin de nous, près de Laogan, et je vous envoie au devoir sacré de la défense de notre chère patrie contre un vil et affreux ennemi. Rappelez-vous que vous êtes le fils d'un héros. Mon cœur saigne et je pleure en vous demandant de vous montrer digne de lui. Je sens toute l'horreur fatale de mes paroles, quelles souffrances elles peuvent apporter à moi et à vous, cependant je les redis encore. Nous ne vivons pas pour toujours dans ce monde. Qu'est-ce que la vie d'un être humain ? Une goutte d'eau dans l'océan de vie de la magnifique Russie. Nous n'existerons pas toujours tandis qu'elle, elle doit avoir une longue vie prospère. Je sais que nous serons oubliés et nos heureux descendants ne se souviendront pas de ceux qui dormiront dans les tombes des soldats. Je me suis séparée de vous en vous couvrant de baisers et de bénédictions.

Lorsque vous serez désigné pour accomplir un haut fait, ne vous souvenez pas de mes pleurs, souvenez-vous seulement de ma bénédiction. Dieu vous garde, mon enfant chéri, si tendrement aimé ! Un mot encore : On rapporte de tous côtés que l'ennemi se montre cruel et sauvage. Ne vous laissez pas emporter par un sentiment aveugle de vengeance. Ne levez pas votre main sur un ennemi tombé, mais soyez généreux envers ceux que le destin fera tomber entre vos mains.

(L'officier a répondu à l'appel de sa mère : il s'est fait tuer sur le champ de bataille, et c'est sur son corps que la lettre a été trouvée.)

XXXVIII

Quel est le soldat déshérité qui, se battant courageusement et risquant sa vie à tout bout de champ pour sa patrie, ne reçoit pourtant jamais de nouvelles du pays et peut se dire que, s'il se dévoue pour tout le monde, personne ne pense à lui ? M. Brieux, l'éminent académicien, a été ému à l'idée qu'il pouvait se trouver un seul petit troupier dans ce cas, et il a écrit à ce soldat délaissé la touchante lettre ci-dessous qui arrachera sans doute des larmes à tous les oubliés, et même aux autres.

LETTRE POUR CELUI QUI N'EN REÇOIT PAS

Le *Bulletin des armées de la République* publie l'article suivant de M. Brieux, de l'Académie française :

Evidemment, il y en a bien peu, parmi nos soldats, qui ne reçoivent jamais de lettres. Mais, s'il n'y en a qu'un, c'est à celui-là que j'écris.

Je te vois d'ici, mon pauvre petit gars ; je vois ton embarras et ta tristesse lorsque le vaguemestre paraît, un paquet de lettres dans les mains, et fait l'appel : « Un tel... un tel... un tel... » et distribue aux mains avides les enveloppes qui renferment les vœux de la famille et les baisers des mamans. Tout le monde est grave, et chacun tend l'oreille. Pas toi.

Tu sais d'avance qu'il n'y a rien pour toi, que jamais il n'y a rien pour toi. Et même, lorsque tous les autres accourent au-devant du distributeur de joies, toi, si tu le peux, tout au contraire, tu t'écartes : tu sais que le paquet, si gros qu'il soit, ne contient rien pour toi, et tu ne tiens pas à ce que tes camarades constatent que tu n'as pas de famille et que personne ne t'écrit.

Tu ne pleures pas. Tu es habitué à de pareilles mésaventures. Tu sais bien que tu n'es pas comme les autres. Les autres ont chacun un père et une mère : toi, tu n'en as jamais eu. Tu es tout seul.

Tu te bats, cependant, aussi bien que les camarades. Et lorsque tu fais seulement aussi bien qu'eux, tu fais, toi, quelque chose de plus.

Ils se battent, les autres, pour défendre le foyer de leurs ancêtres et pour défendre leurs biens. Tu n'as ni foyer, ni ancêtres, ni biens, et tu te bats cependant avec autant de cœur que ceux qui reçoivent des lettres à chaque courrier. Pour qui, pour quoi, alors, fais-tu le coup de feu ? Tu ne te l'es peut-être jamais demandé. Je vais te le dire.

Tu te bats pour l'avenir. Les autres se battent pour le passé ou pour le présent. Toi, c'est pour les enfants que tu auras. Si vraiment quelqu'un se bat pour un idéal, c'est toi, c'est bien toi. Tu te bats pour les petits Français qui viennent de naître et pour ceux qui naîtront, tu te bats afin qu'ils n'aient pas à subir la honte de la domination des barbares, la domination de ceux qui giflent leurs propres soldats, la tyrannie des brutes qui achèvent les blessés, fusillent les vieux grands-pères, éventrent les filles, brûlent les villages et bombardent les cathédrales.

Si tu meurs, à ce métier, nul ne te pleurera, mon pauvre gars. Mais tu ne mourras pas. Lorsque tu reviendras, victorieux, tu sais bien que tu ne recevras que des hommages collectifs. Après avoir eu les vivats de la rue, tu te retrouveras tout seul, *comme d'habitude*, tandis que les autres s'en iront vers des maisons où on les attend, se faire mouiller la moustache par les larmes joyeuses des mamans tremblantes et par les baisers des petits frères un peu effrayés devant celui qui revient de la guerre. Il n'y a pas, pour toi, un coin de cheminée où l'on placera le jeune héros, parti gamin, revenu vénérable, et à qui l'on fera raconter devant des voisins invités tout exprès, ses misères et ses gloires.

Courage, mon bon petit bougre ! Je vais te dire une chose, je vais te faire une prophétie : la jolie fille à qui tu penses, celle à qui tu n'as pas osé dire ton amour, celle que tu aimes ou que tu vas aimer, celle-là te regardera avec des yeux plus doux lorsque tu reviendras et qu'elle saura que tu fus courageux.

Vas-y donc, et gaiement. Ne pense pas que tu vas mourir. Il ne faut pas mourir. Et, à la guerre, le meilleur moyen de ne pas être tué, c'est de tuer celui qui te vise. Fuir ne sert de rien : les balles rattrapent le meilleur coureur. Aie confiance ! La vie a toujours été jusqu'ici injuste pour toi, et cruelle. Elle te doit une compensation. Tu l'auras. Ne te dis pas : « Je vais me sacrifier. » Dis-toi : « Je vais vaincre. »

N'aie pas honte d'être celui à qui nul n'écrit. Sois fier. Les autres sont nés dans une famille toute faite. Toi, tu auras l'orgueil de créer la tienne. Ils ont reçu : tu donneras, et ton rôle est le plus beau.

Encore une fois, mon enfant, courage, et bonne chance. Et laisse-moi t'envoyer un baiser, moi qui n'ai pas de fils, à toi qui n'as pas de père.

BRIEUX.

XXXIX

Vue du dehors, la France, en ce moment, dressée devant l'univers pour la défense de la civilisation, est semblable à la statue vivante et gigantesque de la Liberté éclairant le monde. Un de nos amis anglais nous adresse, et c'est la plus belle des lettres, une traduction de ce que vient d'écrire dans un somptueux langage, à la louange de notre pays, M. John Galsworthy, l'écrivain anglais bien connu.

France ! Mot de beauté ! Terre de beauté ! Quelle âme fière anime cette France, aujourd'hui pressurée et torturée ! Quels accords harmonieux monteront vers le ciel quand le dernier de ceux qui la souillent sera repoussé par delà les frontières des provinces perdues !

France ! Terre pour laquelle, aux heures d'épreuve, le cœur saigne le plus ! Est-ce parce que tu es femme, avec la caresse de tes yeux, avec ta robe flottante, avec du mystère dans ton clair sourire féminin et cette promesse de constance éternelle que ne fait jamais l'homme ?

Est-ce parce que nous sentons en toi, comme dans aucune autre terre, une présence semblable à celle qui, dans certains foyers, assure la vie et la rend aimable ; une présence dont est imprégné l'air de chaque pièce, et plus précieuse que tout ce qui la meuble ? Enlevez les ornements, débarrassez la place de tous les objets matériels, et la bien-aimée sera toujours là, avec son esprit ardent et gracieux.

France ! Entre tous les pays tu as le don de la forme vivante, de la grâce cohérente, comme celle de tes fleurs lumineuses ou celle que dégage la Joconde écoutant sa vie intérieure.

France ! Quand je pense à toi, il se présente à mon esprit l'image d'un tilleul revêtu de sa parure printanière de délicats boutons heurtant, ravis, les petites feuilles joyeuses, à chaque souffle de vent ; ou dans sa toilette estivale si somptueuse, si parfumée, de fleurs couleur de miel ; ou dans sa robe d'automne faite de quelques feuilles dorées, mince dans l'air pur et tremblant, tremblant à chaque soupir du jour, ou enfin dans sa pâle nudité hivernale, mais toujours le même arbre-dieu à la forme parfaite.

France ! Ta force, c'est de voir cette âme des choses que nous appelons l'idéal, de donner la vie aux vérités que tu as découvertes et de concrétiser, de donner une forme à ta vision, qui devient ainsi le roc spirituel sur lequel les nations se tiennent. C'est parce que tu es l'incarnation vivante de ton esprit clair et résolu que nous t'aimons, nous autres.

Tu te dresses devant le monde, véritable incorporation de tes trois paroles immortelles, et la voix immortelle est l'interprète véritable de l'ardeur et du dévouement du pays.

France ! Tu as fait tomber les escarres de la chair rude et vaniteuse des nations ! Tu es la flamme dans la nuit ! A cette heure nous te voyons et nous te comprenons !

Grande et touchante amie ! France invinvible et libre ! Aujourd'hui, dans ton attitude grave et chevaleresque, tu es plus élevée et plus aimable que jamais, et plus que jamais digne de toi-même et de l'Humanité.

(8 décembre 1914.)

XL

M. Boutroux, l'éminent philosophe, dans une lettre adressée à la Revue des Deux Mondes *a expliqué avec une magnifique élévation de pensée et une remarquable clairvoyance quel est l'odieux sophisme qui a corrompu l'âme allemande et fait de l'Allemagne qui se croit la nation élue de la Providence, le peuple-dieu, un monstre colossal d'orgueil, d'égoïsme et de férocité. Voici les principaux passages de cette lettre qui fait toucher du doigt la criminelle doctrine du germanisme et les dangers qu'elle eût fait courir à l'humanité :*

Si les Allemands, dans la manière dont ils ont préparé et provoqué, et dont ils conduisent cette guerre, violent sans scrupule aucun les lois du monde civilisé, ce n'est pas malgré leur culture supérieure, c'est en vertu de cette culture même.

Ils sont barbares parce qu'ils sont supérieurement civilisés. Comment une telle réunion d'opinions contradictoires, une telle synthèse est-elle possible ?

Dans ses fameux *Discours à la nation allemande*, Fichte se donne le thème suivant : « Relever la nation allemande , en l'amenant à prendre conscience d'elle-même, c'est-à-dire de sa pure essence germanique (*Deutschheil*), afin de réaliser, quand il sera possible, cette essence au dehors, et de régénérer le monde. L'idée générale qui doit guider l'Allemagne dans l'accomplissement de cette double tâche est la suivante : l'Allemagne est à l'étranger comme le bien au mal. »

. . . .

C'est en antagonisme avec la civilisation gréco-romaine que s'est développée la civilisation allemande. Adopter celle-ci c'était, de la part de Dieu, rejeter celle-là. Donc, la conscience allemande réalisée sans entraves dans toutes ses puissances, n'est autre chose que le concours divin. *Deutschtum* = Dieu et Dieu = *Deutschtum*. Dans la pratique, il suffit qu'une idée soit authentiquement allemande pour que l'on puisse et doive conclure qu'elle est vraie, qu'elle est juste et qu'elle doit prévaloir.

. . . .

Qu'est-ce que la civilisation, au sens allemand et véritable de ce mot ?

Les nations en général, en particulier les nations latines, placent l'essence de la civilisation dans l'élément moral de la vie humaine, dans l'adoucissement des mœurs. A ceux qui entendent ainsi la culture humaine, les germanisants appliqueraient volontiers les mots que l'on trouve dans le *Brand* d'Ibsen : « Vous voulez de grandes choses, mais vous manquez d'énergie ; alors vous demandez le succès, la douceur et la bonté. » Selon la pensée germanique, la douceur et la bonté ne sont que faiblesse et impuissance. Seule la force est forte : et la force par excellence, c'est la science, laquelle, mettant à notre disposition les puissances de la nature, multiplie notre force à l'infini. C'est en ce sens que Bismark disait : « L'imagination et le sentiment sont à la science et à l'intelligence ce que l'ivraie est à la bonne herbe. L'ivraie menace d'étouffer l'herbe, c'est pourquoi on la coupe et on la brûle. » La vraie civilisation est une éducation virile visant à la force et employant la force. Une civilisation qui, sous prétexte d'humanité et de politesse, énerve et amollit l'homme ne convient qu'à des femmes et à des esclaves.

. . . .

Le premier article du code de la guerre, c'est la suppression de tout ce qu'on appelle sensibilité, pitié, humanité. La guerre a pour but de tuer et de détruire. Plus elle détruit et tue, plus elle se rapproche de sa forme idéale. La guerre ignore nécessairement les lois morales. Le respect des lois, des traités, des conventions, la loyauté, la bonne foi, le sentiment de l'honneur, des scrupules, la noblesse d'âme, la générosité sont des entraves ; le peuple-dieu n'en admet pas. Il violera donc sans hésiter le droit des neutres s'il y a intérêt, il usera du mensonge, de la perfidie, de la trahison. Il s'autorisera de prétextes futiles ou inventés pour commettre les actes les plus atroces : bombardement de villes ouvertes, massacres de vieillards, de femmes et d'enfants inoffensifs, supplices barbares, vol et assassinat, bestialité à l'égard des femmes, incendies scientifiquement organisés, destruction méthodique des monuments que leur antiquité, leur rôle historique, l'admiration de l'univers semblaient rendre inviolables.

Etant donné ce problème : déchaîner le plus largement possible toutes les puissances du mal, il est clair que le peuple de culture supérieure est, mieux que tout autre, armé pour le résoudre. En effet, la science où il excelle offre le moyen de consacrer à la destruction et au mal toutes ces forces que la nature ne sait employer qu'à créer de la lumière, de la chaleur, de la vie et de la beauté. Le peuple-dieu allie donc le maximum de science au maximum de barbarie. La formule de son action peut être ainsi énoncée : la barbarie multipliée par la science.

XLI

Le soldat-réserviste Vandenberghe a vu son camarade Planque tué à ses côtés. Il a trouvé sur celui-ci un carnet de notes et il l'a continué. Ce sont ces impressions saisissantes et vécues que nous reproduisons ci-dessous dans leur langage simple et naïf, dont il serait sacrilège de retoucher la forme incorrecte, mais d'une si délicieuse sensibilité. Ajoutons que c'est au docteur Georges Poyet, l'éminent laryngologiste qu'on doit la communication de ces lignes frémissantes :

Et c'est là que Planque est tué. Je le retrouve au moins 10 jours après. Blessé comme mon camarade Planque, rampant sur les genoux pour éviter les balles meurtrières, je prends son calepin à Planque pour plus tard faire parvenir à sa famille le décès du vaillant soldat. Je tiens le carnet pour moi marquer l'adresse Louis Vandenberghe, rue Mirabeau, 7, à Fives-Lille. Je m'engage sur mon honneur que si je vie après la guerre de faire parvenir la mort de Planque. Je suis blessé au cou, la jambe droite 3 balles qui me font pas trop souffrir, mais la jambe gauche je suis fort atteint, la cheville est en bouillie. Il me faut un courage surhumain pour chercher à manger dans les jardins où je me trouve depuis le 15 octobre que je suis blessé ; voilà au moins 15 jours passés depuis, et pas encore vu un infirmier ni brancardiers à mon secours. Je crois que l'on me retrouvera à côté de Planque. Tout de même on pourrait bien rechercher un peu mieux les blessés ! La nuit il n'y a pas de danger. Si je meurs de souffrances, vive la France et à bas Guillaume le lâche ! Quel terrible remords pour cette famille, mais que de larmes aussi !

Louis Vandenberghe, réserviste au 127e d'infanterie à Valenciennees, domicilié à Lille-Fives, rue Mirabeau, n° 7. Vandenberghe-Mallard. Penser à ma mère et à ma femme, ainsi qu'à mes frères et sœurs. J'ai fouillées les poches de Planque pour moi trouver un couteau pour couper ma bottine et pouvoir soigner mon pied, mais je n'ai rien trouvé d'autres que ce carnet et sa montre que je garde pour moi voir l'heure à peu près. Si j'en sorte, je restituerai son bien. J'ai une main paralysée qui me gêne beaucoup pour me sauver ; il faudrait maintenant que la guerre finisse en 2 ou 3 jours et que l'on se mette à la recherche des blessés. A la grâce de Dieu ! Je dis des prières tous les jours pour Planque et pour moi ; que le bon Dieu m'écoute et qu'il me sauve pour ma mère et ma femme !

Je ne sais combien de temps c'est écoulé depuis le 15 octobre, mais je crois qu'il doit au moins être le 30. J'ai trouvé les premiers jours à manger des biscuits dans des sacs abandonnés, mais maintenant je vis avec les souris, car je n'ai plus la force de me traîner comme les premiers jours, ma cheville me fait trop de mal.

A demain.

Hier je n'ai pas pu écrire, j'étais trop malade, haujourd'hui j'ai trouvé un petit couteau et je viens de découper ma bottine. J'ai vu ma blessure à la cheville, c'est affreux mais j'ai pu l'arranger avec des mouchoirs, et je vais arranger l'autre jambe aussi, ce soir si je peux je vais essayer de partir. Si j'avais à manger, j'i suis très bien sur le foin et à l'abri ; le plus malheureux c'est que je ne sais pas de quel côté partir ; je ne sais pas au juste quel côté les Français sont, je peux donc me jeter sur les Allemands ; pour moi, je crois bien aussi que je passe pour mort ; ha ! si j'avais le bonheur de réchapper !

Maintenant, c'est les rhumatismes qui me font souffrir.

J'entends toujours les aéroplanes allemands voltiger au-dessus de nous, je me demande comment on ne peux pas les abattre, car ils font grands torts — il est 11 heures et demi, je vais manger un choux qu'il me reste et un pour ce soir avant de partir. Ha ! si j'avais du pain, qu'elle chère ! — une prière pour moi, une pour Planque et je mange.

A demain.

Hier je n'ai pas pu écrire non plus ; j'ai voyagé plusieurs heures dans la nuit pour retrouver les Français, mai j'ai du me cacher, car on me tiraille dessus à tout moment. Je me suis réfugié dans une ancienne tranchée, allemande je crois, et l'on m'a vue dans la journée, car on n'as fait que de tirer sur moi et même des obus ; alors je crois que c'étaient des Français qui tiraient sans savoir sur qui ; et pas moyen de se faire reconnaître ! J'ai trouvé un sac français avec quelques biscuits et 2 boîtes de conserves, c'est toujours ça de revenue. J'ai aussi trouvé du linge pour me rechanger, car j'étais sale ; pendant les jours de fièvre que j'avais fait plusieurs fois dans mes culottes ; aussi je suis heureux de me changer. J'ai bien peu d'espoir d'en réchapper, mais je ne désespère pas avec la Grâce de Dieu. Aujourd'hui les boulets tombent dru autour de moi, mais je suis dans une baraque en bois, c'est un peu un abri ; vivement que ça finisse la guerre.

Vive la France et à bientôt peut-être...
Louis Vandenberghe.

A demain sans malheur.

Ce demain est arrivée, quel jour de bonheur pour moi ; j'ai passé une mauvaise nuit, mais le matin j'entends parler. Je me décide à aller voir ; mourir ou me sauver — un compatriote me voit et après des pourparlers vient de chercher de l'autre côté du canal.

Voici le nom de mon sauveur :

Guyot Raymond, facteur des postes, à Fleury-sur-Andelles (Eure).

Je suis très bien soigné au milieu de mes nouveaux camarades ; je suis encore dans une tranchée jusqu'à ce soir ; je serai évacué sur un hôpital, mais je suis encore faible. Des camarades m'ont arrangée mes blessures en attendant mieux; maintenant j'ai bu du lait pur et un peu de chocolat et j'attends encore un morceau de pain pour l'après-midi, car j'ai bien faim. Bientôt peut-être il ira mieux; l'estomac ne criera plus famine. Je sens que je suis déjà beaucoup mieux; pour l'instant, j'arrête, il ne faut pas trop me fatiguer, à plus tard. (Soir.)

Je n'ai pas de chance. Je croyais partir dans la nuit, pour moi être soigné ; voilà encore retardé ; le soir les Alboches viennent de refaire une terrible attaque, obligé de rester là dans la tranchée. Le lendemain je suis seul encore une fois jusqu'au soir, mais du renfort vient et la lutte recommence terrible et je suis encore abandonné par ceux qui m'ont recueilli ! !

Ils s'en vont sans moi, mais bientôt les infirmiers du 148ᵉ passe et me délivrent, à l'heure où j'écris je suis pansé, j'ai mangé une tartine, fumée une bonne cigarette du major et je ressuscite !...

XLII

Ce qui suit ce sont les réflexions vraiment originales et émouvantes d'un brave territorial père de cinq enfants, qui a écrit les lignes ci-dessous dans la boue des tranchées, au son du canon :

... Je m'arme d'une hache, d'une pioche et d'un terrassier à mes gages (pas cher) et je déblaie le presbytère d'un petit village détruit par les Boches. J'y ai trouvé 400 à 500 bouts de cierges, dans les fondations trois bouteilles de samos, trois de cognac et le papier à lettres sur lequel je t'écris. Les bouts de cierges éclairent ma section et le cognac mon intelligence. Hélas ! je vais être bientôt plongé dans les ténèbres, car ça ne va pas loin, trois bouteilles de cognac dans les neiges du Pas-de-Calais. Car nous sommes à la fois dans les neiges et dans le Pas-de-Calais, le long des rives enchanteresses du canal de la Bassée. J'ai d'excellents voisins. Ils s'occupent beaucoup de nous, beaucoup trop même, car nous sommes obligés de les prier très vivement de rester chez eux. En ce moment même, ils nous téléphonent à coups de shrapnells et donnent concert sur la place de l'Eglise à coups de marmites. Il ne reste plus de l'église que trois pans du beffroi surmontés d'un saint qui ne veut pas dégringoler. Il a un doigt en l'air et un pied dans le vide. Ce doit être saint Acrobat. Après chaque décharge les pigeons familiers, un instant effarés, reviennent sur ses épaules et sur sa tête... Avant-hier, j'ai enfin assisté en curieux à la scène pour laquelle j'ai quitté Dijon. A quatre heures, notre attention est sérieusement éveillée par le coup de tonnerre le plus formidable que j'aie entendu de ma vie. Juché sur la crête de ma tranchée, abrité des balles boches par les mottes gelées du haut de l'épaulement, j'étais au « paradis » pour cette féerie.

Le coup de tonnerre, tu le conçois, était une rafale d'obus sur les tranchées boches. Tout ce que sept ou huit batteries anglaises et françaises pouvaient donner d'intensité, elles l'ont prodigué sur trois ou quatre hectares de terrain. Les obus à la mélinite tombaient exactement comme grêle sur le terrain boche. Malgré la nuit tombante, une clarté s'élevait, éclairant une fumée épaisse, noirâtre, mais pas désagréable à respirer. Au bout d'une demi-heure, les Boches avaient assez de ce concert infernal. Par petits groupes ils quittaient leurs retranchements et nous tiraillions dessus sans répit. Les Indiens et les Anglais avaient pris les tranchées. Je les avais vus se précipiter en hurlant en terrain découvert. Les mitrailleuses allemandes y firent quelque dégât, mais la terreur était sur la tête des Boches et dans leur cœur. Ils ne cherchaient plus qu'à fuir. Une ferme écroulée à quelques centaines de mètres servit de refuge à une demi-compagnie de ces malheureux. En cinq minutes, notre 75 renversa les murs encore debout, bouleversa les décombres, piocha les démolitions, faisant sauter à plusieurs mètres des cadavres, des briques et des poutres. Puis tout prit feu et l'incendie éclaira le carnage. A cinq heures, la plaine s'étendait rougeâtre avec de vastes plaques noires. Puis tout se tut progressivement et je m'en fus avec mes camarades lécher ma gamelle, pendant que le Boche léchait ses plaies.

Les Anglais lui avaient pris deux tranchées, trois mitrailleuses, un colonel et 125 hommes.

... J'entasse des sensations rapides et violentes, et elles me résonnent dans l'âme comme des coups de canon. Ainsi, j'ai vu tomber à mon côté un charmant jeune homme de trente ans, grand, vigoureux, cultivé, avec qui j'entretenais d'aimables relations. Curieux et dédaigneux d'un danger sournois, il usait sans modération ses munitions sur un créneau boche, les planches et poutres des soutiens des terres volaient en éclats à chacun de ses coups. Mais il fut vite repéré, et une balle boche vint le frapper entre les yeux. Il est tombé sur moi, son sang a coulé sur ma main, et c'est dans mes bras que se sont éteintes ses dernières et violentes crispations. J'irai chaque jour saluer sa petite tombe et j'écrirai à sa mère où je l'aurai enseveli...

Mais tant de tristesses ne sont pas la règle. C'est la gaieté et l'insouciance qui règnent dans les tranchées. Il ne faut pas croire pourtant qu'on s'entraîne à affronter le danger. Les grognards de l'empereur étaient des hommes braves de nature, mais ils ne gagnaient pas la bravoure dans l'habitude de s'exposer. Je fais cette remarque en constatant l'état d'âme de plusieurs soldats qui ont combattu depuis la mobilisation dans les pires endroits. Ce sont de vrais fous. J'ai de la fierté à faire comme eux et je le fais sans effort, jouissant au contraire de toute l'attention que j'apporte à contempler le vol furieux de la mort qui passe.

... Le grand art est de ne pas se trouver dans le coup du premier obus. C'est l'affaire de la veine ; c'est le rôle du hasard, ce n'est pas le mien. Quant aux balles, rien ne sert de les saluer. Ces jours derniers, les balles perdues, nuit et jour, étaient nombreuses et bruyantes comme les abeilles qui rentrent à la ruche par une belle journée de juin. Leur nombre était inimaginable. Mais j'ai reconnu qu'elles passaient beaucoup trop haut. Conclusion : pour paraître brave, il n'y a pas besoin de l'être ; il faut avoir de la réflexion, une grande facilité à observer rapidement et quelque esprit d'à-propos.

Je suis longuement les aéros fouillant les tranchées ennemies. Les Boches leur prodiguent de petits obus qui montent au ciel en chantant une note pure. Ils éclatent d'une façon métallique à la fois et douce. Un joli nuage blanc, compact et stable comme un flocon de fils de la Vierge, flotte, élégant, légèrement rosé par un rayon de soleil ; et le bruit de l'éclat nous parvient chantonnant, lointain, harmonieux, comme si venait de claquer un peu fort une porte dans le paradis...

XLIII

La lettre ci-dessous a été lue par une infirmière à un pauvre blessé qui venait de supporter sans se plaindre une douloureuse opération et qui n'a pu retenir des larmes d'attendrissement en écoutant la lecture de ce que lui écrivait sa femme, nouvellement accouchée. Naturellement nous respectons et le style et l'orthographe de cette humble et touchante missive :

Mon cher Jean, tes eyant écrit hier que j'étais souffrante et tes eyant dit qu'il y aurait du nouveau, hier au soir a 9 heures, je tes donné une fille, elle est bien mignonne, elle ne pleure pas et elle est bien grande et grosse et sa c'est bien passé à 8 heures. Je n'étais pas couchée et à 9 heures un quart le tout était fait. Tu parles si les deux vieux ont aitaient bien comptants et moi je vais bien je ne souffre plus *quel bon jour de passé*, car je m'inquiétais beaucoup, tant pis pour ton fiston de cette fois-ci, tu me diras si tu as reçu ton argent car j'en suis inquiète et si tu as besoin de quelque chose. J'ai ta fille sur mes bras et étant dans mon lit *car on ne veut pas que je me lève* et c'est pour cela que ta lettre est faite au crayon.

De mon frère Joseph nous en somme sans nouvelles.

Du voisin Charasse et du coiffeur Fouquet et du poseur Guillebaud ils sont disparu l'on ne sais pas s'ils son morts ou prisonniers.

Je né plus rien a te dire pour le moment.

Ta fille et ta femme qui t'embrasse.

Philomène et Raymonde.

J'embrasse ta fille pour toi elle s'appelle Raymonde-Jeanne-Marie, dans 2 ou 3 jours je t'écrirais comme sa marche et ne sois pas inquiet.

XLIV

Quoique étant sur le front, l'institueur, au bruit des shrapnells et dans la fumée des canons, pense à ses élèves et, au moment de la rentrée, leur adresse la lettre suivante :

A..., le 30 septembre 1914.

Chers petits amis !

Quelle date ! Vite vous vous empressez de ramasser vos cahiers et vos livres pour la rentrée. Que vous êtes heureux, chers amis. Pensez donc que depuis l'âge de six ans, c'est la première fois que je ne rentre pas en classe au 1ᵉʳ octobre.

Si je vous écris, c'est que je pense que l'année dernière, à pareille époque, je comptais commencer l'an nouveau avec vous.

Je n'ai pas eu beaucoup de temps à passer avec vous, et pourtant je vous aime ! Pensez si papa, votre vieux maître, qui vous a vus naître doit vous aimer ! Oh ! aimez-le bien ce maître !

Je vous écris aussi pour vous souhaiter beaucoup de bonheur pendant l'année nouvelle qui s'approche : elle sera triste, peut-être, mais glorieuse.

Travaillez, pour nous aider à sauver la France, notre chère patrie, que vous ne connaissez point encore bien ! Travaillez en classe, en étudiant vos leçons ; travaillez le jeudi, en aidant vos mamans et vos vieux parents ! Travaillez surtout pour l'amour de vos parents, de votre maître, de votre patrie !

Je vous écris encore pour vous dire comment vivent nos soldats, comment je vis, comment vivent vos frères et vos pères. Certes, ce n'est pas une vie bien agréable. Elle peut se résumer en une seule page, la première des « Enfants de Marcel ». Ce livre, lisez-le attentivement, sachez que c'est l'histoire de 70.

La nuit, parfois on dort dans une grange (quelle chance !) le plus souvent en plein air, dans un bois, la tête couverte du bonnet de police, les pieds dans un brasier, couché avec le sac pour oreiller. On dort peu, ma foi : 2, 3 ou 4 heures par nuit.

Les jours de marche, on combat. Je pense souvent à vous, mes amis, à mes chers parents que j'ai dû quitter, à toute la France qui a les yeux fixés sur nous. C'est triste, la guerre, mais elle est belle aussi, surtout quand elle a pour but de chasser l'envahisseur.

Détestez de toute la force de votre petit cœur les empereurs, les Guillaumes, qui n'hésitent pas à faire tuer les hommes, par simple ambition ; mais ne haïssez pas les Allemands qui, autant que nous, ont horreur de la guerre. Apprenez aussi à aimer la République, qui ne fait la guerre que pour se défendre.

J'ai vu Baptistin conduire son cheval, qui portait les obus à Paul qui pointait les canons. Tous deux travaillaient à lancer ces pluies de mitraille qui tuent tant d'hommes. Moi aussi, je tue des hommes ; mais croyez bien, chers enfants, que ce n'est pas avec joie que je tue des innocents : c'est Guillaume que je voudrais pouvoir viser ! !

Tous, nous risquons notre vie ; tous nous souffrons du froid, de la faim (ceci rarement) ; aimez donc ces petits soldats qui chantent quand même en allant au combat.

C'est au bruit du canon que je vous écris, avec mon sac pour pupitre, et je ne suis pas sûr de pouvoir finir ma lettre. Les camarades, à côté, préparent le café ; je vais aller le prendre. Y aura-t-il du sucre ? Peut-être oui, peut-être non. Qu'importe ? Le soldat français n'est pas gourmand.

Adieu, chers petits, travaillez bien, étudiez votre histoire. Tiens ! mais on va ajouter des pages aux livres nouveaux ? Oui, mais ce seront des pages glorieuses que vous apprendrez volontiers. O chère patrie, tu sortiras grandie de l'épreuve ! Que tu vives ! Nous veillons sur toi ! Allons, mes enfants, en chœur : « Vive la France ! ».

G. N.

XLV

De quelque combattant français qu'elles émanent les lettres rédigées au feu sont toutes admirables de simplicité, de clarté, de vaillance et de bonne humeur. En voici trois courtes. La première a été écrite par un sous-lieutenant à son père qui habite Paris, la seconde est adressée à sa sœur par un soldat qui raconte plusieurs combats et de quelle façon il a été blessé, la troisième est celle d'un marin qui narre une heureuse opération de mer.

Je me porte bien, et je suis content. Comment ne serais-je pas content ? Je suis aux premiers rangs de l'orchestre. C'est la place que nous prenons toujours au théâtre.

J'ai été blessé, dit le second, ce matin-là, par un obus de 105 qui a éclaté à un mètre derrière moi ; un éclat me traversa le bras droit un peu au-dessus du coude et alla pénétrer dans la cuisse d'un de mes hommes qui se trouvait en face de moi. Mais quelle détonation ! Je croyais ma tête sautée à quatre-vingts pas ; heureusement, je n'avais que ça.

Ce matin, écrit le marin, nous sommes tombés sur deux bâtiments autrichiens. Contre eux deux, toute l'armée navale. Accablés par un tir continu et puissant, ils fuyaient de toute leur vitesse, le long de la côte, en répondant courageusement aux coups. L'un a pris feu. Le second, le plus gros, entouré à son tour de la fumée de ses pièces et de celle des incendies allumés à bord par nos coups, s'est légèrement soulevé de l'avant, puis, lentement, il s'est enfoncé par l'arrière, et ç'a été fini. Impossible de porter aucun secours. Nos torpilleurs seraient arrivés trop tard. Résultat : six cents hommes tués, brûlés ou noyés... Et, maintenant que nous nous éloignons de cette tombe que rien ne marque, le ciel est toujours bleu, la mer est toujours bleue ; elle a englouti sans colère six cents de ses enfants. Et, pour excuser à mes yeux ce mouvement de force contre un adversaire si inégal, il faut que je pense à tous mes frères français et qu'on a attaqué, pour l'anéantir, ma patrie.

XLVI

Une petite Américaine de Chicago a eu l'idée délicate de donner un témoignage d'amitié à une petite Française en lui faisant parvenir une poupée ; le cadeau est échu à une petite fille de Reims réfugiée à Paris et voici la correspondance échangée à ce sujet entre les deux fillettes :

A UNE PETITE FRANÇAISE

Ma chère sœur d'Europe,

Je vous envoie cette poupée et j'éprouve beaucoup de plaisir en vous la donnant.

J'ai douze ans et je vis à Chicago.

Je vous offre mon affection et ma sympathie et j'espère que bientôt des jours meilleurs renaîtront et que la paix régnera pour vous et les fillettes de votre pays.

J'espère aussi que ma poupée trouvera en vous une bonne maman et qu'elle vous consolera.

Votre affectueuse sœur d'Amérique,

KATHARINE ROBERTS.

REPONSE

Chère petite sœur d'Amérique,

Je suis la petite fille de France à laquelle a été donnée votre jolie poupée ; je suis très heureuse d'avoir été choisie pour recevoir ce précieux gage d'amitié d'une petite Américaine.

J'ai douze ans aussi ; je suis de la ville de Reims, réfugiée avec toute ma famille à Paris, qui est une bien belle et grande ville, où les gens sont fort bons aussi ; nous avons été bien malheureux de quitter nos maisons, mais nous sommes bien réconfortés par le bon accueil de notre chère capitale.

Mais quand papa sera rentré et que nous pourrons rentrer chez nous, j'emporterai votre fille avec moi et je n'oublierai jamais la petite maman de ma jolie poupée ; je garderai aussi la petite pièce de monnaie en souvenir de vous et de votre pays.

Je vous envoie des violettes de France et je vous embrasse très affectueusement.

Votre petite sœur de France, qui gardera de vous un bien bon souvenir.

IRÈNE CHAPELLE.

au refuge de la ville de Paris, quai Valmy.

XLVII

M. Sin, instituteur à Collioure, sous-lieutenant d'infanterie, a adressé à ses élèves l'émouvante lettre ci-dessous, écrite entre deux feux.

A mes très chers élèves,

Vous souvient-il, mes amis, des derniers jours de classe de l'année scolaire écoulée, lorsque tous les esprits se demandaient, dans une angoisse toujours croissante, ce qu'il adviendrait du fol orgueil allemand ? Vous souvient-il aussi des paroles émues de votre maître, quand, mettant à votre portée les conséquences désastreuses d'une guerre actuelle, il exaltait en vous les bienfaits de la paix ? Vous souvient-il enfin, à l'heure même où nous nous quittions, du moment de surprise qui serrait tous nos cœurs à l'annonce de la mobilisation générale ? Depuis lors, sans trop comprendre, mais sachant bien que c'était pour la France, pour cette France chérie, que vous adorez, vous avez vu partir, une larme dans les yeux, vos frères, vos parents ; vous avez vu des mères éplorées rester seules au foyer tandis que vous, curieux, contents, vous chantiez en accompagnant à la gare les défenseurs de la patrie. Ils sont partis là-bas, vers cette frontière de l'est où tous les regards français se tournent, où vous cherchez constamment à deviner les positions respectives des armées qui combattent : la carte supplée à votre mémoire et les victoires vous enthousiasment.

Les jours passent, jours de souffrance pour ceux qui luttent, jours de douleur pour ceux qui attendent, jours d'espoir et de confiance en la victoire pour tous.

Je vous vois souvent réunis en petits groupes, discutant à grands cris à l'aide de « si » et de « peut-être ». Je vois les cafés calmes, la placette vide, la plage morne et, dans les rues, quelques rares passants parlant des leurs. Vous constatez, un matin, que le prix du pain augmente. Pourquoi cela, dites-vous ? C'est la guerre, mes enfants ! Car la guerre, ce n'est pas seulement le vide dans les campagnes, la tuerie aux frontières; la guerre, c'est surtout la faim et la maladie.

Voici plus de deux mois que cela dure, et cela durera peut-être longtemps encore ; longtemps, vous lirez les journaux ; longtemps, vous irez aux écoutes, autour de rares groupes commentant les faits d'armes ; vous verrez des blessés revenir au pays pour se remettre et repartir ; vous courrez après eux pour les interroger, pour savoir. Vous verrez des émigrés pour lesquels vous serez bons.

Vous verrez des ennemis prisonniers : peut-être leur adresserez-vous de grossières paroles, parfois imméritées. Pendant ce temps, le soldat français luttera encore pour son indépendance et pour sa liberté, car les Allemands, dont les desseins vous sont connus, n'épargneraient point votre race, et vous seriez, s'il ne tenait qu'à ces bandits, égorgeurs de femmes, d'enfants et de vieillards, dévastateurs de tout ce qui peut rappeler la France dans sa science et son art immortels, incendiaires, ravageurs de villages ; vous seriez leurs esclaves sous le joug de leur botte.

Les soldats de France luttent pour le progrès, ne l'oubliez pas ! A vous de le comprendre, de vous en pénétrer et de ne l'oublier jamais !

Dans cette classe, qui m'est si chère, vous êtes réunis autour d'une jeunesse qui vous inculquera, en ce moment difficile, l'amour de la patrie. Soyez, comme je l'espère, des élèves attentifs. C'est un soldat de France qui vous le dit. Travaillez ! Votre patriotisme est là ; plus vous serez éclairés, mieux vous comprendrez.

Votre maître d'il y a trois mois pense à vous au milieu des batailles, lorsque les balles sifflent à ses oreilles, lorsque les obus l'environnent. Parti, lui aussi, il a laissé une famille ; lui aussi a vécu la minute angoissante du départ ; il vous a vus en grand nombre à la gare lors de son passage ; il défend son pays ; il sait que votre pensée le suit. Plein de courage et d'espérance, il vous dit : « Au revoir. » Il espère vous retrouver grandis de cœur et d'âme, comme le seront les Français de l'avenir.

Honorez les morts et secourez les blessés ; secourez les malheureux, respectez les ennemis ! Vous qui tournez les regards vers la frontière, où d'autres accomplissent leur devoir, soyez obéissants et travailleurs pour accomplir le vôtre. Les combattants vous béniront, et votre maître, y trouvant la récompense qu'il attend de vous, sera fier de lutter encore, fier de mourir, s'il le faut.

XLVIII

Un aède soudanais, fils naïf et doux de cette France lointaine qui, jusqu'au fond de ses mystérieuses forêts, a senti passer le souffle ardent du loyalisme par lequel elle se rattache à la mère patrie, écrit à son cadet blessé et soigné dans un hôpital d'Angoulême.

Très cher frère,

Je ne sais comment témoigner ma gratitude à ces généreux Français qui te prodiguent mille douceurs. Tous les Sénégalais voudraient verser leur sang pour ce noble pays, libérateur des opprimés, qui ne fait pas de question d'épiderme et traite sur le même pied tous ses enfants légitimes et adoptifs, contrairement aux Boches qui traitaient de singes leurs ex-sujets du Togo et les menaient à la cravache avec une brutalité cynique. Mourir pour le salut de la France, c'est se consacrer au temple éternel de justice et de vérité. Arrivant par milliers du Fouta, du Baol, du Cayor et du Sine-Saloum, tes frères s'entraînent joyeusement pour le dernier acte du plus grand drame du monde. Va au combat en songeant à tes ancêtres, et reviens-nous avec la Croix de guerre. Alors, pendant les veillées, près du feu, le barde chantera tes exploits sur l'air du *Laguia*, et ton nom figurera parmi les preux de la chanson de *Samba Guiladjegui*, cependant que, nous racontant les grandes batailles des géants, tu nous feras voir tes blessures.

BOKAR SARR.

XLIX

Rien de plus tragique que la lettre de cet instituteur, M. Henri Boullé, militant syndicaliste, mobilisé comme simple soldat et qui, écrivant à ses élèves le 31 décembre 1914, leur dit : « Nous qui, demain peut-être, serons morts... » Effectivement, le soldat devenu lieutenant fut tué à l'ennemi le 1ᵉʳ janvier 1915. Les derniers conseils de ce héros furent la plus magnifique des leçons, comme on en pourra juger par les lignes ci-dessous.

Le 31 décembre 1914.

Mes chers enfants,

Nous voici arrivés à la fin de cette année 1914, qui aura sa place dans l'Histoire du monde.

Nous avons vécu le premier semestre ensemble, travaillant paisiblement, côte à côte, dans le calme et la paix.

Depuis juillet, nous sommes séparés ; et tandis que, grâce à l'héroïsme de nos troupes, vous pouvez continuer vos études dans la quiétude d'une ville préservée de l'invasion, je vis, pour ma part, au milieu d'horreurs inimaginables.

Maudits à jamais soient ceux qui, par orgueil, par ambition ou par le plus sordide des intérêts, ont déchaîné sur l'Europe un tel fléau, plongé dans la plus effroyable misère et ruiné à jamais peut-être tant de villes et de villages de notre belle patrie !

Maudits soient à jamais ceux qui portent et porteront devant l'Histoire la responsabilité de tant de souffrances et de tant de deuils !

Les siècles futurs flétriront leur mémoire. A nous, une autre tâche incombe.

Nous autres soldats, défenseurs de nos libertés et de nos droits, il nous faut redoubler d'énergie et de ténacité pour chasser à jamais de notre pays un ennemi qui a accumulé tant de malheurs. Il nous faut garder intacte la foi en la victoire finale, qui sera le triomphe de la justice. Il nous faut être prêts à risquer chaque jour notre vie dans les plus terribles des combats, prêts à endurer à chaque heure mille souffrances morales et physiques.

Tous ces sacrifices, nous les consentons avec bonne humeur, pour arriver au succès définitif.

Nous saurons aussi garder pieusement la mémoire des camarades qui, par centaines, tombent à nos côtés. Et rappelez-vous, mes enfants, que le patrouilleur qui risque sa vie dix fois pour fournir un renseignement à son chef, lequel aidera à la victoire, mérite notre admiration au même titre que le plus habile de nos généraux.

Mais vous aussi, mes chers amis, avez aujourd'hui votre devoir tracé. Songez que vous êtes l'espoir de demain. C'est votre jeune génération qui devra remplacer vos aînés tombés au champ d'honneur.

N'oubliez pas que notre France fut de tout temps à la tête du monde civilisé. C'est elle qui toujours, au cours des siècles, a fourni au monde les plus grands génies : artistes, savants, littérateurs, penseurs de toutes sortes. Cette renommée intellectuelle, artistique, morale de la France, c'est à vous, demain, de la soutenir. Le plus humble artisan, s'il apporte dans son travail quotidien tout son cœur et tout le goût de sa race, a contribué à cette tâche.

Ecoliers, étudiez donc courageusement en

classe. Adolescents, complétez après l'école votre instruction primaire. Adultes, travaillez sans relâche à votre éducation professionnelle. Montrez demain au monde que la saignée qu'elle a subie n'a point appauvri notre race. Montrez-vous dignes de vos aînés, de ceux qui relevèrent notre nation abattue au temps de l'invasion normande comme au temps de Jeanne d'Arc, au début du dix-septième siècle comme aux temps héroïques de la Révolution ou après l'année terrible de 1870.

Quelle que soit l'issue de la guerre actuelle, il faut que le génie français vive ! Nous autres, qui avons fait joyeusement le sacrifice de notre vie et qui demain peut-être seront morts, nous comptons sur vous pour cela, et nous vous léguons cette tâche avec confiance.

Et, puisque nous voici au terme de l'année 1914, faisons tous ensemble des vœux pour que bientôt reviennent dans notre beau pays, avec la victoire, la paix, le travail et le bonheur.

A tous au revoir et mon souvenir ému.

H. Boullé.

L

L'histoire burinera sur ses tablettes les mots héroïques surgis de l'épopée actuelle comme les fleurs sanglantes des champs de bataille labourés par la mort. Qui pourrait oublier la sublime réponse du général de Castelnau, apprenant la mort de son fils et, après un moment d'émotion indicible, disant à ses officiers d'état-major qui travaillaient sous ses ordres : — Continuons !

La lettre ci-dessous écrite par le général d'Amade lorsqu'il eut perdu son jeune fils témoigne du même stoïcisme patriotique dans le malheur noblement supporté :

L'HEROISME D'UN PERE

En mer, 5 mars 1915.

Corps expéditionnaire d'Orient.

Cher Monsieur,

Je suis bien en retard pour vous accuser réception de votre lettre du 28 décembre 1914.

...Ce qui m'a mis en retard avec vous, c'est le grand malheur qui nous a frappés. J'ai perdu mon plus jeune fils, Gérard d'Amade, un petit sous-lieutenant de dix-huit ans, qui venait d'être reçu à Saint-Cyr au dernier concours de juillet 1914. Il est glorieusement tombé pour la France, au cours d'une reconnaissance de nuit en Argonne, dans la nuit du 25 au 26 janvier.

Il est tombé mortellement frappé sur les tranchées mêmes de l'ennemi, qu'il avait reçu, bien qu'arrivé seulement depuis quatre ou cinq jours, la périlleuse mission d'aller reconnaître.

Deux généraux allemands, témoins de sa bravcure et de son courage, m'ont spontanément écrit leur admiration et m'ont dit où notre pauvre enfant avait été inhumé. C'est près de V... (Meuse), dans les grands bois de l'Argonne.

C'est une grande douleur, je n'ai pas besoin de vous le dire. Nous ne pouvions offrir à Dieu et à la France rien de plus beau, rien de plus pur, rien de plus généreux que cet enfant. Nous sommes fiers de lui, mais, après la guerre, nous le pleurerons jusqu'à notre mort.

Je vous envoie la belle citation qu'il a méritée.

J'emporte dans ma nouvelle mission cette peine gravée au fond de mon cœur, comme un exemple de courage et comme une magnifique raison d'espérer.

Puissiez-vous ne jamais connaître la douleur que nous avons éprouvée.

Bien cordialement à vous.

Signé : Général D'AMADE.

LI

La lettre ci-dessous a été écrite par le docteur Grondys, professeur de physique à l'Université de Dordrecht (Hollande). Cette lettre est un document précieux qui stigmatise, d'une part, le bourreau de Sermaize et, d'autre part, fixe pour la postérité la généreuse conduite de l'adjoint de cette petite ville anéantie envers la femme de l'officier allemand qui a détruit Sermaize :

...Je parle avec l'adjoint de Sermaize, dans une auberge, l'unique maison qui ait échappé à l'incendie. Un type brun, qui a l'air d'un militaire.

Après avoir examiné mes papiers, il me conduit dans une petite chambre voisine, où nous pouvons parler à notre aise. Il me raconte, sans élever la voix, les aventures de sa commune.

« Tout sera rebâti dit-il ; *ils* nous le payeront. »

Au milieu de l'entretien, il s'interrompit.

« Ce matin, j'ai reçu une lettre de Suisse ; je l'avais presque oublié. Il faut vous dire que j'avais communiqué à la Croix-Rouge de Genève la nouvelle de la mort de l'officier auquel cette lettre fait allusion. Lisez vous-même, voici la lettre. »

« La Métairie, près de Nyon (Suisse),
19 décembre 1914.

« Monsieur le Maire,

« C'est au nom d'une femme bien malheureuse que je vous demande quelques renseignements.

« Il s'agit du major allemand Kurt von Asten, décédé à Sermaize. Si vous connaissiez les détails de sa mort, je vous supplierais de vouloir bien me les faire parvenir, afin de les transmettre à la malheureuse Mme von Asten. Tout, même les moindres indications, nous intéresserait vivement, et ce serait une grande consolation pour nous de savoir l'exacte vérité. Notre imagination, bien souvent, nous fait voir les choses encore plus affreuses qu'elles ne se sont passées.

« Encore une fois, je vous en prie, aidez une pauvre femme.

« Mme von Asten me charge également de vous demander si vous pouvez lui dire ce que sont devenus les petits souvenirs du mort, bague d'alliance et marque de reconnaissance. Si ces menus objets, si chers à l'épouse, ne sont pas perdus. elle tiendrait beaucoup à les avoir.

De plus j'ai encore une très grande prière à vous adresser : c'est de nous écrire où se trouve la tombe du malheureux officier. Ne pourriez-vous la marquer bien distinctement, afin que le nom du mort ne soit effacé ni par la pluie ni par la neige ? Sitôt que cette funeste guerre sera terminée, Mme von Asten viendra elle-même à Sermaize chercher le cadavre de son mari, pour le faire inhumer en Allemagne, dans le tombeau de sa famille.

« Elle vous prouvera sa reconnaissance pour vos bons services et votre amabilité personnelle en donnant alors une petite somme d'argent à la commune de Sermaize.

« Selon les renseignements que vous avez bien voulu fournir à la Croix-Rouge de Genève, monsieur le maire, le major Kurt von Asten est mort le 11 septembre 1914.

« Vous avez, j'en suis sûre, le cœur chevaleresque, et vous aurez pitié de cette malheureuse épouse, qui a tout perdu en perdant son mari.

« Avec mes bien vifs remerciements anticipés, agréez, monsieur le maire, l'assurance de mes meilleurs sentiments.

Signé : Mlle Théo Mehl. »

Quand j'eus achevé la lecture de cette lettre, je regardai l'adjoint sans l'interroger. Il me fixa, droit dans les yeux.

« Vous n'avez pas encore compris ? Le major von Asten fut le commandant de Sermaize. Il nous a tous ruinés, sans nécessité militaire, car les Français, pour épargner la ville, n'y avaient pas mis de garnison.

« Par une haine contre nous, qu'il n'a d'ailleurs pas cachée, il a détruit tous nos biens. Après avoir fait tomber sur notre belle et florissante commune environ 2.000 obus, il a expressément ordonné l'incendie de toutes les maisons restées intactes. Il a fait emprisonner 8 malheureux, sans que rien ne se fût passé ; il les a menacés et insultés. Ces gens ont vécu des jours interminables, dans la crainte d'être fusillés ; ils savaient très bien ce qui avait eu lieu dans d'autres villages. Le major Kurt von Asten n'a pas puni ceux de ses hommes qui avaient violé des femmes. Sur son commandement, la magnifique église de Sermaize — et vous savez ce que pour nous signifie notre église — a été consumée par les flammes. Il est le bourreau de Sermaize.

« Le 9 septembre, les Français commencèrent leur contre-attaque. Le major venait de s'étendre tout habillé sur un lit, quand un obus du « 75 », pénétrant par le toit, le blessa grièvement.

« On le dirigea sur une ambulance, où il fut soigné le mieux possible. Néanmoins, il restait farouche et offensant. Le curé-doyen de Sermaize demeura continuellement à son chevet. Les derniers mots du blessé avant d'entrer dans l'éternité furent : « Les Français sont tous des v... ! »

Je demande : « Dites-moi, monsieur l'adjoint, que pensez-vous faire au sujet de la prière de Mme von Asten ? »

Il me regarde fixement.

— Je ferai le nécessaire pour rendre plus reconnaissable la tombe du major, me dit-il. Et je ferai parvenir à sa femme toutes les informations dont elle a besoin.

Je lui serrai cordialement la main.

LII

La lettre ci-dessous est d'un avocat à la Cour d'appel, aujourd'hui capitaine d'infanterie et qui est sur le front depuis le début de la guerre. Ce n'est plus cedant arma togæ qu'il faut dire, c'est le contraire. Mais quelle superbe confiance et quelle admirable résolution dans ces lignes viriles, d'un sentiment si élevé !

Je guerroie en première ligne depuis déjà pas mal de temps. La vie est mouvementée, agréable et prenante : on *agit*. Et si tu savais toute la mâle beauté de ce mot : agir ! J'ai été nommé capitaine depuis le début de la guerre. J'ai changé de secteur et j'occupe avec ma compagnie un point plus à l'ouest du territoire.

Je suis là, l'arme prête, l'œil au guet, hurlant aux Boches par les gueules de mes 250 fusils : « On ne passe pas ! » Nous sommes tous froidement résolus à nous faire crever plutôt que de céder. Six moi sde campagne ont mis mes hommes tout à fait à point Notre patriotisme s'augmente de la haine que nous inspirent les crimes atroces de nos ennemis. Soyez tranquilles à Paris : vos « poilus » du front se feront hacher sur place plutôt que se laisser enfoncer.

Le moral est merveilleux ; l'état sanitaire parfait. Dans ma compagnie, par exemple (250 hommes), j'ai un ou deux malades tous les jours. Je ne parle pas des blessés, bien entendu ; mais tu vois que la santé est satisfaisante.

La canonnade est furieuse dans mon secteur ; tous les jours nous recevons entre 150 et 200 obus, qui varient depuis le 77 jusqu'au 210. Je te prie de croire que ce dernier, c'est quelque chose : 21 centimètres de diamètre, plus de cent kilos de poids qui t'arrivent de huit ou dix kilomètres à cinq cents mètres à la seconde.

Avant-hier, un 77 est tombé dans la marmite d'une de mes escouades blessant un homme. Sais-tu quelle a été leur préoccupation à mes poilus ? Ça n'a pas été de s'émouvoir sur le danger auquel ils venaient d'échapper, mais de s'indigner sur la perte de leur repas !

Tu as fait non pas un seul mais dix heureux en nous envoyant du tabac. Figure-toi que ton envoi est arrivé ce matin au moment où, par une bonne fortune tous les officiers de mon bataillon étaient réunis dans une ferme sur le front. Ces occasions sont très rares, car nous avons chacun avec nos compagnies respectives un secteur à défendre ou une mission à remplir et nous restons plusieurs jours sans nous trouver réunis. Donc nous allions tous nous mettre à table lorsqu'on m'a remis ton colis. Si tu avais entendu les clameurs joyeuses qui ont salué l'ouverture ! Toutes les mains se sont tendues vers moi ; je n'avais même pas le temps de défaire les précieux paquets de cigarettes, ces trésors inestimables dont on est privé depuis si longtemps, mais quand la boîte de chocolat est apparue au jour, ce fut du délire ; songe donc que notre ordinaire se compose de bœuf (500 grammes par jour), un point, c'est tout. Plus de poulets, ni de lapins dans la région. Voici les menus : matin, soupe maigre, bœuf ; soir : soupe grasse, rebœuf ; les pommes de terre sont rares, quelquefois nous pouvons faire cueillir une salade de pissenlits : ce sont les jours de noce.

Mais tout ça, vois-tu, a bien peu d'importance. La patrie ne nous a pas mis là pour faire des soupers fins. Nous avons mieux à faire et nous le faisons de tout notre cœur ; l'habitude du danger rend insouciant. Avant-hier, un de mes hommes a eu le crâne fracassé près de moi par un 150, qui a éclaté en le touchant. On se demande à quand notre tour. Et l'on marche sous les balles vers le devoir. Nous attendons le grand coup. Nous sommes résolus. On n'abandonne pas un pouce de terrain.

Il faut se ruer en avant, nos hommes n'ont pas besoin de menaces ; ils ont au cœur une rage froide qui les transforme en héros ; ils veulent vaincre ; donc ils vaincront. Pensez un peu à eux ; ils le méritent.

Lorsque tu vois dans ton journal que sur tel point nous avons progressé légèrement, sais-tu ce que cela veut dire ? Qu'il y a en puissance, dans cette ligne d'imprimé, toute la valeur d'une race ; tout l'esprit de sacrifice d'un peuple ; toute la beauté morale d'une nation. Cela veut dire qu'avant de partir à l'assaut des tranchées ennemies nos hommes sont demeurés quatre à cinq heures sous le feu le plus infernal ; cela veut dire qu'ils sont partis, la baïonnette haute, sous la mitraille, qu'ils ont bondi sur l'ennemi dans le plus horrifiant des corps-à-corps, mêlant leurs souffles, confondant leur sang, s'étreignant dans la mort. Cela veut dire surtout que dans la tranchée enfin conquise, s'est élevé, surhumain, formidable, clamé vers les étoiles, le chant de l'immortelle *Marseillaise*.

Ah ! ne nous plaignez pas, enviez-nous plutôt, nous sauvons la France. Nous vous gardons votre patrie.

LIII

Blessé et content, telle est la mentalité de ce soldat de vingt ans dont nous citons la lettre réconfortante ci-dessous. Nous la faisons suivre d'une autre épistole d'un impatient qui s'ennuie dans un fort et brûle de s'élancer à la baïonnette sur l'ennemi. Et les vers du grand poète chantent dans notre mémoire :

« *O soldats de l'An deux ! O guerres ! Epopées !* »

***

Cher père,

Après un long silence, je peux enfin t'écrire. Je suis en ce moment à l'ambulance à Belfort.

Au dernier combat que nous avons livré aux Allemands, j'ai été blessé. Ce n'est pas bien grave !

J'ai reçu une balle qui a pénétré au-dessus du téton droit et qui est ressortie presque sous le bras droit. La balle a glissé sur une côte. Je suis content d'avoir versé un peu de mon sang pour mon pays. Nous avons tous été très courageux pour notre première bataille. Nous avons gardé le sourire. Ma compagnie a bien donné. Les Allemands décampèrent prestement. Nous avons pris le village de Burneau, en Alsace, après un combat de cinq heures. Les Allemands y avaient creusé de profondes tranchées.

Je te raconterai cela bientôt de vive voix. Tranquillise-toi sur mon sort. Nous sommes très bien soignés.

Adieu, cher papa, je t'embrasse de tout mon cœur.

Honorat Gerasime.

... Nous sommes tous joyeux en ce moment ; on ne s'aperçoit pas des fatigues : on marche tous avec courage ; et maintenant j'espère que les *Boches* n'auront jamais le plaisir d'entrer dans notre fort, car au fur et à mesure qu'ils approchaient, ils se trouvaient descendus. C'est comme leurs pièces d'artillerie qui avançaient pour tirer sur le fort, elles se trouvaient réduites en morceaux, de même que leurs mitrailleuses, et dans les jumelles on voyait les Allemands sauter en morceaux en l'air. Enfin s'ils étaient seulement tous tués ! Car c'est de terribles bourreaux ; ils brûlent tous les villages par où ils passent. Avant-hier on en voyait quatre qui brûlaient ensemble. Ils fusillent les maires des villages et dévalisent tout. Je pense que demain ils vont être repoussés, il ne va plus y en avoir en France ; ça va être notre tour de piler (*battre*) chez eux, et je pense qu'ils vont en voir de cruelles, car on a tous une terrible haine contre eux. Nous allons être, je crois, encore un bout de temps sans sortir du fort. Vivement que ce soit arrivé ! pour que j'aie le plaisir de dégraisser ma baïonnette dans eux.

LIV

Nous cueillons dans la Revue de l'Enseignement primaire *cette lettre d'un instituteur devenu officier de réserve qui décrit à ses élèves le spectacle émouvant d'une école en ruines, où les enfants écoutent la leçon du maître dont la voix se mêle aux coups rapprochés de la canonnade.*

Ce matin, j'ai quitté la tente où je couche sur la paille depuis huit jours pour aller faire visite à mon collègue de D..., à deux kilomètres de nos lignes. Triste voyage ! Comme la plupart des habitations, la mairie, l'école ont été incendiées ; il n'en reste que quelques pans de mur à moitié écroulés. L'instituteur s'est installé dans une pauvre chambre, au rez-de-chaussée, et là une quinzaine d'enfants, filles et garçons, n'ayant que quelques bancs et quelques tables de fortune, lisent, font leurs devoirs, récitent leurs leçons à quelques pas des ruines, pendant que le canon tonne par rafales de plus en plus furieuses.

Je vous assure, mes chers amis, que j'étais douloureusement ému devant ces enfants sérieux, et graves même, dont les pères, partis à la guerre, ne reviendront pas tous, hélas ! en présence de ce maître déjà éprouvé par de grands malheurs domestiques, ruiné par la guerre et par les incendies que les Allemands ont allumés, et trouvant encore le courage d'accomplir son devoir.

J'étais prêt à pleurer et pouvais à peine parler, mais je sentais aussi avec plus de force, au milieu de ces pierres noircies, de ces débris et de ces pauvres choses sans nom, gisant parmi les ruines, ce qu'il y avait de grand dans cette attitude réfléchie des élèves, dans cette énergique résignation du maître, les uns et les autres accomplissant leur tâche avec le même courage, la même tranquillité, la même confiance, et cette belle phrase de la lettre de M. Poincaré aux armées m'est venue à l'esprit :

« Lorsque, à portée des projectiles, devant un horizon que les éclatements d'obus couvrent de fumée ou déchirent de lueurs, on voit des paysans tranquilles pousser la charrue et ensemencer le sol, on comprend mieux combien sont inépuisables sur notre vieille terre de France les provisions d'énergie et de vitalité. »

Comparez la situation que j'ai essayé de vous dépeindre avec la vôtre, mes chers amis, et dites-vous bien que si parmi vous il en est qui s'inquiètent du sort de quelqu'un des leurs parti en guerre, ou qui pleurent un être cher tombé au champ d'honneur, vos petits camarades de l'Est connaissent, en plus de ces inquiétudes et de ces deuils, le bombardement, l'incendie, l'horreur et la ruine ; quelques-uns même vivent misérablement au milieu des bois, sous des abris de branchages construits à la hâte !...

Quand vous prenez place à la table de famille, quand vous vous rassemblez autour du feu et que vous vous couchez tranquilles dans votre petit lit, adressez une pensée émue à vos petits camarades qui n'ont plus de maison, plus de foyer, plus de lit, plus rien... et qui vont quand même à l'école travailler courageusement avec leur maître ruiné comme eux...

Ne rougissez-vous pas d'être moins vaillants, vous à qui rien ne manque ?

Ne feriez-vous pas tout votre possible pour qu'au lendemain de cette terrible guerre chacun de vous ait grandi en savoir, en sagesse, en valeur personnelle, afin de pouvoir continuer, chacun selon ses moyens, l'œuvre commune commencée par les aînés, l'œuvre pour laquelle tant de braves meurent tous les jours ?

Adieu, mes chers enfants, je vous embrasse tous.

LV

Les enfants de M. Bonnet, rue des Granges, à Montbéliard, ayant eu la touchante idée d'envoyer des livres français à l'école de Traubach (Alsace), ont reçu des petits écoliers alsaciens, heureux de voir leur pays redevenir français pour toujours, des lettres naïves et charmantes, dont nous donnons ci-dessous trois échantillons :

A Monsieur Raoul Bonnet.

Cher petit garçon,

J'ai reçu un des livres que vous avez envoyés aux enfants d'Alsace ; j'avais beaucoup de plaisir lorsque j'ai eu ce livre de lecture, j'y ai déjà lu et je vois les enfants de France qui jouent et qui s'amusent. Plus tard, quand je serai grande et que je saurai bien le français, je viendrai en France et je te raconterai alors beaucoup de choses. La langue française est facile et je m'applique bien pour pouvoir bientôt écrire sans faute et parler couramment.

Merci petit ami inconnu, je t'envoie un bonjour de notre belle Alsace française.

Une petite Alsacienne, Maria Bischoff.

**

A Mademoiselle Odette Bonnet.

Chère petite amie française,

Je suis un petit Alsacien qui est devenu Français et qui veut toujours le rester. Votre livre m'a beaucoup fait plaisir. Quel plaisir pour moi d'avoir un petit ami français. Je fais beaucoup de progrès à l'école et bientôt je ne saurai plus la vilaine langue allemande. Chère petite amie, je vous remercie beaucoup pour le livre. Un jour je serai un petit soldat français qui gardera bien la frontière quand les barbares voudraient la franchir. Nous sommes bien contents d'être des Alsaciens français.

Unpetit ami, Auguste Mulle.

**

A Monsieur Roger Bonnet.

Cher petit ami des Alsaciennes,

J'ai reçu à l'école un joli livre qui fut envoyé par un petit Français qui désire que nous, petites Alsaciennes, apprennent le français. Je t'assure, petit ami inconnu, que c'est le français que j'aime le plus et si nous n'avions pas encore aimé la France nous l'aimerions maintenant après avoir eu tant de belles choses de la France, notre patrie. Mon livre traite sur les étoiles et je souhaite que le petit ami des Alsaciennes brille un jour au ciel de France comme une étoile.

La petite Alsacienne qui a reçu le livre t'envoie un affectueux bonjour avec un grand merci.

Louise Wioland.

LVI

Une correspondance charmante s'est etablie entre les jeunes filles qui ont adressé des douceurs et des vêtements à nos soldats et les destinataires de ces envois. Une gamine de douze ans n'hésite pas à commencer sa lettre par ces mots admiratifs et familiers : « Mon cher héros. »

Voici la délicieuse lettre de remerciements d'un caporal qui a reçu un colis de lainage et a, en retour, adressé des violettes à sa correspondante. Cette missive est suivie d'une autre du même auteur qui n'est pas moins touchante :

Mademoiselle, c'est avec joie que je viens de recevoir votre colis et avec une profonde émotion que j'ai lu la lettre qu'il renfermait et qui émane d'un grand cœur ; mais c'est tout naturel, puisque vous êtes Française et Parisienne. Je continuerai, pour ma modeste part, si Dieu me garde la santé, à défendre la France, et mieux que cela, à vaincre l'ennemi et à ramener dans les plis de notre cher drapeau la victoire et la paix. Laissez-moi, avant de vous quitter, mademoiselle, vous offrir respectueusement les meilleurs vœux de santé et de bonheur que forme pour vous un cœur reconnaissant.

... Je suis à M..., petit village de 400 à 500 habitants avant la guerre, qui est complètement évacué, et dont pas une maison ne soit en ruines. Malgré cela nous l'avons rendu imprenable. Chaque pan de mur est crénelé ; les ponts sont barricadés avec toutes sortes de matériaux ; puis des fils de fer barbelés sont tendus encore plus en avant. Nos tranchées ne sont séparées de celles des Boches que d'une cinquantaine de mètres. On s'entend causer et souvent on se dispute. Dernièrement ils ont eu la rosserie de nous annoncer la perte de trois cuirassés de la flotte alliée ; mais le lendemain on leur rendait la pareille en leur apprenant la chute de Przemysl avec 120,000 prisonniers. Ils nous démentent toujours, et à bout d'argument, ils nous répètent : « Paris, Français tous kapout... »

Maintenant que voilà les beaux jours, nous ne demandons qu'une chose : c'est que les Boches sortent de leurs tanières, s'ils ne veulent pas qu'on aille les y chercher. Voilà cinq ou six jours qu'ils font les morts, pas un coup de feu ; c'est probablement une ruse pour nous faire sortir et nous mitrailler plus à leur aise. Seulement, ça ne prend pas.

Soyez persuadée que, malgré tout, l'ennui est banni de nos tranchées, et l'on ne dirait pas qu'à chaque instant nous risquons notre vie.

Comme je pensais à vous faire plaisir avec mes modestes violettes, je me suis mis en quête de pouvoir vous renouveler ces fleurs. J'ai découvert un pauvre petit plan au pied d'une cabane à lapins, je l'ai transporté et planté à un endroit plus ensoleillé et surtout moins passager ; furtivement tous les jours je lui rends visite, et tout à l'heure, ma lettre finie, j'irai faire ma cueillette. Par exemple, elles sentiront peut-être un peu la poudre, car l'autre jour deux obus sont tombés à moins d'un mètre de mon jardin, heureusement sans y causer de mal. Cela leur donnera de la valeur, à ces petites fleurs, puisqu'elles auront assisté victorieusement à un bombardement.

LVII

Les petits enfants d'Allevard (Isère) quand ils seront des hommes n'oublieront jamais les leçons de leur maître d'école qui, du front où il fait son devoir, leur envoie chaque jour des cartes et des récits dans le goût de la belle lettre suivante :

Mes chers élèves,

La pensée que je reçois de vous, vos signatures sur une feuille de vos cahiers, m'ont procuré la joie la plus émue. Je les ai gardées longtemps devant mes yeux, je vous ai revus tous, vos camarades absents aussi, ceux qui dans leur famille ont dû se hausser à la taille d'un père. Et j'ai pris vos mains : « Les enfants d'Allevard sont de braves cœurs. »

J'étais avec vous le jour de la rentrée des classes. « Huit heures... vous rentrez sans bruit et vous travaillez ferme. C'est votre façon à vous d'être à la guerre ; vos pères sont devenus d'héroïques soldats et vous de petits hommes. » Alors je vous ai fait une promesse : celle de vous envoyer des nouvelles de la guerre cueillies exprès pour vos yeux et vos cœurs.

Chers enfants, aimez bien le sol d'Allevard dont les coteaux prodigieux sont déjà rallumés pour fêter l'abondance automnale, votre toit, votre table d'écolier, ce champ étroit où, près de vos mamans calmes, vous êtes venus récolter le travail des absents. Où sont-ils ?

Ils sont sur la terre d'Allevard, mais beaucoup plus loin que vos yeux ne peuvent porter, au delà de nos crêtes, et de la ligne bleue des Beauges, tout au bout de leur champ agrandi : « la France ».

Là, tout près, un empereur qui a nom Guillaume II, a fait un signe à ses puissants barbares, plus nombreux que tous les troncs de nos forêts, plus féroces que les Huns de votre petite Histoire. Ils avancent, ils veulent passer pour courir brûler votre toit, piller vos récoltes, vous imposer des maîtres allemands. Mais votre frère est là, avec Pierre son voisin, avec Jean du hameau, cent autres de la vallée, cent mille autres de la plaine.

Une maman court à eux : « Soldats ! Ils viennent de tuer mon François ! Il était doux comme une fille ! Il n'avait pas douze ans ! Ils l'ont tué parce qu'il sortait notre génisse de l'écurie qui flambait ! Mon François ! Ils l'ont tué parce qu'il était petit ! François !... »

Alors votre frère épaule, pour François, pour vous, mes chers petits ; pour votre Allevard, pour votre école. Il meurt... C'est cela la patrie française.

Votre maître vous embrasse.

J. L.

P.-S. — L'histoire de François est un fait constaté dont j'ai été le douloureux témoin.

LVIII

Le jeune sergent Galaup, cité à l'ordre du jour pour sa belle conduite à Ypres, raconte en ces termes comment il a reçu la médaille militaire des mains du généralissime :

..., 27 mars 1915.

Malgré le mauvais temps, la journée de jeudi a été pour moi une bien belle journée. J'étais, en effet, à Châlons, pour y recevoir la médaile militaire des mains du général Joflre. C'est devant une quinzaine de mile hommes, de nombreux généraux et les attachés militaires étrangers, que s'est déroulée la cérémonie. Nous étions une cinquantaine de décorés ou médaillés. Le généralissime a eu un mot aimable pour chacun avant de le décorer.

— Vous êtes bien jeune pour avoir la médaille militaire, sergent, m'a t-il dit.

— Vingt-trois ans, mon général.

— Vingt-trois ans ! Savez-vous que j'ai attendu jusqu'à soixante-trois ans pour l'avoir ? En êtes-vous content ?

— J'en suis très fier, mon général.

— Moi aussi.

Et après ce court dialogue, une bonne et franche embrassade, avec deux gros baisers qui claquent.

Je ne saurais dire ce que j'éprouvai au moment où les fortes moustaches du général frôlaient mes joues ; à ces moments-là, on ne vit plus.

LIX

Un officier de chasseurs alpins, combattant dans les Vosges, raconte en ces termes véhéments comment fut vengée la mort d'un héros :

Aux premières lueurs de l'aube, voulant repérer un poste téléphonique ennemi, le lieutenant X... quitta notre tranchée, rampa en avant sans escorte, jusqu'aux approches des lignes allemandes ; mais les Boches, ayant découvert son hardi stratagème, le laissèrent approcher le plus possible et le fusillèrent presque à bout portant. Au jour, à l'abri dans leur tranchée, pour nous narguer, les Allemands hissèrent le cadavre de notre courageux ami au bout de leurs baïonnettes.

A la vue de cette ignoble exhibition, de ce geste monstrueux, sans un commandement, sans un cri, d'un seul bond, toute notre compagnie, capitaine en tête, sauta hors de sa tranchée et, comme hynoptisée par la vue du cadavre, elle courut en avant pour venger le héros lâchement exposé par les soudards.

L'attaque fut si soudaine, si impétueuse, que

la barrière de fils barbelés protégeant la ligne ennemie fut renversée avant que les Allemands fussent revenus de leur surprise. Tous les Boches qui se trouvaient dans la tranchée furent passés au fil de la baïonnette. Nous reprîmes le cadavre de notre lieutenant, après avoir conquis, presque sans perte, une tranchée dans laquelle nous comptâmes 210 charognes germaniques.

Notre ami était bien vengé !

(*Journal*, 17 avril 1915.)

LX

Voici, au cours d'une pittoresque lettre écrite par un officier en Alsace, les impresssions qu'il a éprouvées à travers les diverses péripéties de son existence de combattant sur le front :

Je vous écris d'un pittoresque village de l'Alsace ci-devant allemande, où mon régiment est cantonné depuis plusieurs mois. Guerre d'immobilité. Nous sommes un des moellons du « mur » qui ne doit pas être percé. Dans tous nos postes avancés, un écriteau nous rappelle que nous devons « tenir coûte que coûte et quelles que soient les pertes ». Fort heureusement, tout le monde a fait son devoir simplement et fortement.

Nous sommes deux jours aux avant-postes et deux jours au repos dans ce village. Bien que nos tranchées avancées soient à moins de cent mètres de l'ennemi, je n'ai pu encore apercevoir un seul Boche. Nous nous battons dans une région magnifiquement boisée, séparés de l'ennemi par un ruisseau. De notre côté, de hautes futaies ne nous dissimulent qu'à demi. Les Boches bénéficient de taillis très fourrés et obscurs, où leur présence n'est décelée que par leurs coups de fusil et de mitrailleuse. Guerre sournoise d'embuscade et d'affût. On passe des heures à épier un buisson où l'on a cru apercevoir un mouvement humain ; quand on croit avoir découvert un observatoire ou un gourbi, on fait des feux de salve ; la riposte vient on ne sait d'où.

Nous nous abritons de notre mieux dans un dédale de tranchées et de « boyaux », où nous vivons en compagnie de nuées de grenouilles. Par temps sec, ce troglodytisme serait acceptable. Malheureusement, nous avons eu une semaine de neige ; depuis quatre jours la pluie n'a pas cessé de tomber, en sorte que nous nous enlizons en des marécages croulants. Nous attendons avec impatience la belle saison, qui asséchera enfin ce très beau pays.

Je me porte à merveille et m'habitue très bien à cette étrange existence. Dès le jour de mon arrivée j'ai eu les honneurs d'un baptême du feu. Mon colonel m'avait envoyé rejoindre ma compagnie en auto. C'était tout justement pendant un des bombardements qui viennent périodiquement diversifier notre monotone régime. La route franchissant un plateau dénudé très en vue et bien repéré, parallèle à la ligne boche pendant 2 kilomètres, une batterie de 77 s'est amusée à suivre notre auto comme à la cible ; les obus pleuvaient à droite et à gauche sur la route. Les deux derniers éclatant exactement sur nos têtes, criblaient l'auto d'éclats : c'est miracle que ni moi, ni les deux soldats qui m'accompagnaient n'ayons été touchés. Je reverrai longtemps le visage de cire du chauffeur crispé sur son volant et presque incapable de diriger sa voiture, où il a récolté ensuite un petit musée de fragments de fonte et d'acier.

On rit de ces aventures quand on a gagné un abri ; mais je dois bien avouer que la première impression n'est pas agréable du tout.

Un détail qui intéressera peut-être en vous l'analyste et le lecteur de Stendhal : devant la soudaineté et la brutalité du péril, le cerveau garde toute sa lucidité et semble même fonctionner plus rapidement qu'en temps normal. On s'analyse très bien ; on enregistre avec exactitude les réactions de la machine nerveuse tendue à l'excès, sentiment d'une force méchante et mystérieuse : bien qu'on ait entendu le coup de canon, précédant de peu l'éclatement de l'obus, on dirait une explosion inexplicable de l'atmosphère soudain devenue incandescente ; on penche la tête, en s'attendant à avoir le crâne défoncé, tandis qu'on éprouve à l'estomac une contraction violente, comme sous un coup de poing dont l'effet retentirait dans tout le système nerveux.

La sécheresse et la violence des explosions produite par les poudres actuelles sont une des surprises les plus pénibles et auxquelles on s'accoutume le plus difficilement. Le chant des grosses marmites, qui semblent sillonner lentement le ciel, est, certains jours, presque harmonieux ; leur éclatement, parmi un volcan de terre et de fumée, demeure toujours impressionnant. Me trouvant à cent mètres d'une batterie d'artillerie lourde, je suis placé à merveille pour étudier cette pyrotechnie meurtrière. La veille de Pâques notamment, les marmites ennemies pleuvaient avec précision : nos gros canons rendaient coup pour coup. Le sol, les maisons, l'atmosphère, tout tremble et vibre par à-coups brutaux. Pendant ces heures-là, on souhaiterait n'avoir plus de nerfs...

LXI

Un notaire de province promu lieutenant écrit à son frère la lettre qui suit où se révèle, outre une bravoure que l'officer ne se connaissait pas, une admirable modestie et une affection profonde pour ses hommes :

Je t'assure, mon cher Henri, que l'accoutumance au danger est une des choses les plus faciles du monde. Les premiers jours on est une peu abasourdi par le canon et le sifflement des balles. Rien n'est plus aisé à surmonter que cette impression d'ahurissement. Après avoir vécu dans ces atmosphères de poudre et de mitraille, il semble qu'il sera difficile de s'en passer, même quand le sort n'a fait de vous qu'un modeste tabellion. La joie de s'élancer en avant sur l'ennemi dépasse tout ce qu'on peut imaginer. Et puis, il y a les hommes ! Je ne puis te dire tout ce qu'ils font de magnifique, ni toute la reconnaissance que je dois aux miens pour leur dévouement, pour leurs soins, leur amitié pour moi. Quand on a vécu quelques jours au milieu d'eux, on ne peut plus avoir qu'une crainte, celle de ne pas être digne de leur commander et de voir leur héroïsme écraser notre bonne volonté. Faire aussi bien qu'eux quelle tâche ! Ce qui me rend plus sûr que tout de la victoire finale, c'est que nos hommes nous aiment comme nous les aimons, tandis que de l'autre côté les chefs méprisent les hommes qui les redoutent et les haïssent.

LXII

Un capitaine qui a échappé à la mort par miracle conte, dans l'émouvante lettre qui suit, comment ses hommes quoique blessés eux-mêmes lui firent violence pour le sauver malgré lui. Avant d'être guéri, le capitaine voulait repartir au front : « — Mes hommes me réclament, disait-il, il faut que je leur paie ma dette. »

Sur la fin du combat, j'ai été jeté par terre par deux balles, l'une dans la poitrine, l'autre qui m'avait cassé la jambe. Malgré mes instances (*car il y avait mieux à faire, n'est-ce pas ? que de s'occuper de moi, il fallait exécuter les ordres du général et marcher en avant*) trois de mes hommes ont quitté leur abri, ils m'ont relevé, m'ont adossé à une grosse pierre et ils m'ont donné à boire. Puis, pour éviter que je ne sois touché une troisième fois, en attendant les brancardiers, *ils se sont mis en paravent devant moi*. Je leur disais que c'était absurde, qu'ils allaient se faire tuer et qu'en mourant j'aurais un gros remords. Ils ne voulaient pas m'écouter. L'un d'eux avait déjà reçu une balle dans le bras. Il ne voulait pas s'en aller. *Alors j'ai pu me relever et je me suis mis à rire, aussi fort que je pouvais, pour leur faire croire que ma blessure à la poitrine n'était rien* ; mais tous ces entêtés n'ont rien voulu savoir jusqu'à l'arrivée des brancardiers.

LXIII

La guerre effroyable, la guerre maudite, la guerre abhorrée des mères est pourtant belle quand elle est l'école du sacrifice. Goûtez, je vous prie, la pure élévation de sentiments de ces no-

bles lignes. Léonidas et ses compagnons mourant aux Thermopyles n'étaient pas animés d'une flamme patriotique plus ardente.

Hier, j'ai été remué jusqu'aux larmes. Trois aviateurs anglais, partis en expédition contre un point de la côte occupé par les Allemands, ne sont pas revenus. Au coucher du soleil, leurs camarades du corps d'aéroplanes, rangés en ligne, se sont rendus sur la plage. Tournés du côté de l'ennemi, ils ont salué militairement la mer où étaient tombés les autres en prononçant ensemble d'une voix grave ces simples mots : « Pour l'Angleterre ! » Ils ont de nouveau salué et sont repartis en ligne. *C'était très beau et j'ai pensé que ceux qu'on saluait ainsi étaient dignement payés de leurs peines.* Entre nous, je suis persuadé que je reviendrai en bonne santé avec la victoire et tout à fait guéri de ma maladie d'estomac qui va déjà bien mieux, mais encore entre nous, dis-toi que si pour assurer le succès même d'un petit combat, il ne fallait que ma peau, je n'hésiterais pas plus que toi en pareille circonstance. *Mourir dans ces conditions-là c'est encore de la chance puisqu'on sauve la vie à d'autres et qu'on avance peut-être d'un moment la victoire du pays.* L'autre jour dans la tranchée, un de mes poilus sifflait : « Mourir pour la Patrie, c'est le sort le plus beau » et j'ai pensé : « Mais, oui, c'est la vérité. »

LXIV

Nos soldats ne sont pas des brutes qui vont [av]euglément à la boucherie comme ces miséra[bl]es Boches qu'on conduit à coups de pied et à [co]ups de poing ; hommes et officiers ont cons[ci]ence de la juste cause qu'ils défendent, et ils [sa]vent que s'ils meurent c'est pour le droit et la [civ]ilisation. La lettre ci-dessous d'un lieutenant [de] vaisseau, qui répond à des félicitations, mon[tre] clairement quel est l'état d'esprit de notre [ar]mée en même temps que l'attachement des [ch]efs pour leurs hommes, dans la fraternité d'ar[m]es qui les réunit devant le danger :

Tranchées sud de D...

Mon cher ami,

J'ai reçu avec un grand plaisir vos bonnes féli[cit]ations pour la croix qu'on m'a donnée sur le [ch]amp de bataille de D...

Nos chers « cols bleus » n'ont pas été inférieurs [à] leur réputation et leur esprit de sacrifice a [att]eint souvent la hauteur du sublime...

Nous avons résisté avec une petite brigade de [ma]rins à plusieurs divisions allemandes pendant [X] jours et reçu plus de 6.000 marmites dont quel[qu]es-unes de 32 cm. et j'ai quelque motif de fierté [d']avoir été chargé trois fois de la mission la plus [dif]ficile et d'avoir eu des pertes minimes...

Je sais tout le prix du sang humain et je ne veux pas que ma conscience puisse me reprocher d'en avoir fait couler une goutte inutilement.

Mes hommes s'en rendent d'ailleurs bien compte et leur attachement pour leur chef me fait souvent monter les larmes aux yeux. Je n'ai pas peur de vous l'avouer, *l'idée que nous sommes tous de bons ouvriers de la plus haute civilisation nous donne toutes les forces nécessaires pour remplir notre devoir.*

C'est parce que je veux confondre la France de 1914 avec celle de 89 que je suis certain de ne jamais faiblir ; d'ailleurs, avec des hommes comme les nôtres c'est la chose la plus facile qui soit.

En attendant le paisir de vous serrer la main, recevez ,etc., etc.

LXV

Dans une lettre écrite à sa famille sous le coup d'une des plus violentes émotions qu'on puisse ressentir, un servant d'artillerie relate en une forme pittoresque et mouvementée l'épopée d'une retraite, bientôt transformée en une éclatante victoire. Tout commentaire affaiblirait l'émouvante beauté de cette page héroïque :

Je vais vous raconter les deux plus terribles journées de mon régiment, alors que nous étions encore à ...

Nous avions battu en retraite et avions pris position sur un mamelon à droite de la rivière : l'infanterie s'était creusé à la hâte des tranchées de fortune, un peu en avant de nous, et nous attendions les Boches. L'infanterie nous les signala à quatre heures de l'après-midi, et en effet la fusillade ne tarda pas à éclater. Nous nous mîmes à tirer nous aussi, et leur artillerie, très bien dissimulée, indécouvrable, riposta aussitôt. Ah ! si nous les avions vus ! Mais nous étions forcés de ne tirer que sur les fantassins, dont nous fîmes d'ailleurs une délicieuse marmelade. Mais peu à peu leur artillerie nous forçait de nous taire. Enfin, juste à l'instant où notre infanterie se repliait, nous découvrions les batteries qui nous canardaient. En un clin d'œil nous leur fermâmes la gueule. Malheureusement nous n'avions plus d'infanterie et les fantassins boches marchaient sur nous, malgré un tir à volonté, et que nous leur servions à bout portant. Mais ils étaient tellement nombreux ! Leurs balles crépitaient sur nos boucliers, dont elles écaillaient la peinture.

Nous allions être pris, car il était impossible d'amener les chevaux sous un pareil feu. Nous ne rigolions pas, nom d'un chien ! Mais puisque les chevaux ne pouvaient venir aux pièces, nous menâmes « à bras » les pièces aux chevaux. Bon Dieu ! nous avons sué; d'autant plus que nous devions encore emmener nos blessés, et il y en avait pas mal. Enfin, nous réussîmes à atteler, et nous décampâmes au galop par la seule retraite possible que comportait le passage de la rivière, dont les Boches canardaient le pont à obus que veux-tu, et le rataient de même. Mais les obus ne tombaient pas loin; le parapet n'existait plus, et nous perdîmes à ce passage beaucoup d'hommes et pas mal de chevaux. Mais nous passâmes, et il était temps ; car à peine le dernier caisson était-il sur l'autre rive que le pont se volatilisa dans les airs... et dans l'eau. Moi, je me retrouvai à pied et je perdis le régiment dans un village où je m'arrêtai, et qui était bombardé par des canons de 42. Les femmes, les gosses, tout ça courait, hurlait, s'accrochait à moi, et les « marmites » tombaient, et tout ça mourait déchiqueté.

Puis le bombardement cessa, et j'en conclus que les Boches devaient marcher sur le village, et je ne savais de quel côté fuir (il était nuit), quand j'entendis tout près un clairon français qui sonnait la charge, et aussitôt déboucha un bataillon de chasseurs, la baïonnette en avant. Bon sang, qu'ils étaient beaux ! Ils rencontrèrent les Boches au milieu du village ; on se battit dans les rues, dans les maisons et jusque dans les caves. Le sang coulait dans les rues comme l'eau un jour de pluie. Enfin, tout près, j'entendis les quatre formidables coups réguliers d'une batterie de 75. C'était mon régiment qui avait remis en batterie et qui recommençait à tirer, je les rejoignis, et dans la nuit ce fut une lutte fantastique : deux villages flambaient.

Les éclatements des obus faisaient une suite d'éclats ininterrompus (nous avons tiré 4.000 coups en deux heures) et un chahut fantastique. Soudain, la *Marseillaise* éclata, tandis que les clairons de trois régiments sonnaient la charge. D'où nous étions, à la lueur des incendies, nous distinguions très bien le champ de bataille, et jamais je ne reverrai quelques chose de plus fantastique que ces milliers de jambes rouges en rangs serrés qui chargeaient. Les jambes grises commençaient à trembler (ils n'aiment pas la baïonnette), et la *Marseillaise* continuait, et les clairons sonnaient la charge, et nos canons crachaient sans relâche. Enfin nos fantassins joignirent l'ennemi. Pas un coup de fusil : la baïonnette. Soudain la charge s'arrête de sonner. Les clairons sonnaient « au drapeau ». Notre drapeau était pris. Instinctivement nous cessions le feu, atterrés. La *Marseillaise* sonnait plus fort, et là haut, plus loin, la sonnerie « au drapeau » continuait. Un silence de mort... Seuls, la musique et le clairon, et nous distinguions la mêlée terrible. Soudain les clairons s'arrêtèrent (une seconde), puis à toute volée ils resonnèrent la charge. Le drapeau était repris. Une clameur immense ; nos pièces repartirent (toutes seules), et les Boches, cette nuit-là, durent fuir de toute la vitesse que leur permettent leurs bottes.

Vous qui vous figurez connaître la *Marseillaise* parce que vous l'avez entendu jouer à des distributions de prix, revenez de votre erreur. Pour la connaître, il faut l'avoir entendue, comme je viens d'essayer de vous le dire, qand le sang coule et qu'un drapeau est en danger. Plus tard, quand je l'entendrai, à Chambéry ou ailleurs, je m'en irai, ça me gâterait mon souvenir. Le matin de cette nuit-là, la rivière était rouge comme une culotte de fantassin, mais les Boches avaient fui. Nous fumâmes chacun une pipe : nous l'avions bien gagnée.

LXVI

Cette fois, c'est un lieutenant de dragons qui témoigne — et avec quelle chaleur communicative ! — de son admiration pour les braves soldats auxquels il a l'honneur de commander. Loin de regretter les superbes chevauchées des guerres d'autrefois, les prouesses des Lassalle et des Murat, notre officier de cavalerie s'émerveille de ce qu'il a vu, car l'héroïsme de ses troupes surpasse tous ses espoirs :

L'anecdote est d'hier. Elle se répète à chaque blessé. Je vois descendre de voiture, retour du front où il est tombé la nuit, couvert de sang, un de mes poilus.

— Eh bien ! mon brave, comment ça va ?

— Mon lieutenant, nous avons pris six cents mètres de tranchées !

— Sapristi ! bien touché... A la main, aux bras ! où encore ?

— Et puis le village, mon lieutenant ! Même que le train y est allé pour la première fois cette nuit !

— C'est grave ?

— Ah ! mon lieutenant ! Si vous saviez ce qu'on est heureux !

— Oui, mais en attendant vous êtes grièvement blessé.

— C'est rien. On sera estropié, voilà tout. Mais la tranchée est prise, c'est le principal.

Tous ont ce moral, cette obsession de la victoire : tous les docteurs vous le diront. C'est merveilleux ! C'est nous qui avons cette fois la fierté de nous écrier : « Ah ! les braves gens ! » Car nous-mêmes, nous les admirons, ces admirables cœurs, pleins d'entrain, de discipline et d'espoir. Du reste, je ne vous apprends rien. Mais je saisis cette occasion de confirmer l'opinion que vous avez d'eux et de vous apporter le témoignage de mon admiration. Que des voix plus autorisées la disent et la redisent bien haut !...

LXVII

La voix des morts sort des tombes rudimentaires, creusées sur les champs de bataille et chante un hymne de réconfort qui se mêlera bientôt aux Marseillaises de la victoire. Voici d'abord la lettre trouvée sur un sous-lieutenant de chasseurs à pied tué dans les Vosges en septembre. La satisfaction d'avoir fait son devoir a soutenu ce vaillant jusqu'au bout du sacrifice total de lui-même sur l'autel de la Patrie.

Et voici ensuite celle qu'on a découverte sur le corps d'un autre héros qui, à vingt-trois ans, est tombé le 4 mars devant Mesnil-les-Hurlus. Fils du colonel Violand, il a voulu que son dernier cri fût : « Vive la France ! » :

Ma chère mère,

Cette lettre est un adieu, car si elle te parvient, je serai probablement tombé sous les balles ou les baïonnettes ennemies. Qu'importe ! ne pleure pas trop. Ma mort est peu de chose si elle a pu contribuer à la victoire de la patrie et mon seul regret aura été de mourir sans avoir pu jouir du spectacle de son triomphe.

Si mes frères ont pu revenir sains et saufs, je l'espère ardemment, tâche de te consoler ; leur présence était beaucoup plus nécessaire que la mienne, car je ne laisse aucune charge. Embrasse-les bien pour moi, ainsi que mes belles-sœurs, et tous les membres de notre famille. Dis-leur que si ma vie a été courte, il n'y a pas trop lieu de s'en émouvoir ; mon rôle aura été suffisamment rempli, car j'aurai disparu en faisant mon devoir de Français.

J'aurais voulu que, dans ces heures graves, mon pauvre père, si énergique et si bon, se fût trouvé à tes côtés pour te soutenir par son courage. Lui, il aurait pu te faire comprendre qu'il ne faut pas pleurer dans de pareilles circonstances. Le sort a voulu qu'il disparaisse trop tôt !

Mes dernières pensées auront été pour lui et pour toi, ainsi que pour mes frères et mes belles-sœurs.

Je vous embrasse de tout cœur.

J.-M. Courcy.

LA LETTRE D'UN HEROS

Le colonel Violand avait un fils digne de lui. Une balle traversant la croix d'honneur qu'il venait de recevoir est allée frapper le cœur de ce brave de vingt-trois ans. Il est tombé le 4 mars, devant Mesnil-lès-Hurlus. Voici la belle lettre qui a été trouvée sur lui :

30 octobre 1914.

Mon cher papa,

Si cette lettre vous arrive, c'est que vous aurez eu l'honneur d'avoir votre fils tué à l'ennemi.

J'ai été, hier, l'objet d'une proposition pour

le deuxième galon et pour la croix de la Légion d'honneur.

Rien, me semble-t-il, ne méritait pareille récompense, car je n'ai fait que mon devoir.

Si je meurs, sachez que je mourrai content, sans regret, fier d'avoir mêlé mon sang à celui que tant de héros répandirent avant moi pour que notre France soit plus belle et plus respectée.

Je mourrai, si Dieu veut, en bon chrétien, en bon Français.

Ma dernière pensée ira vers maman que j'aurai rejointe, vers vous, mon cher papa, qui êtes si courageux, vers ma pauvre petite fiancée, mais je veux que mon dernier souffle soit pour dire : « Vive la France ! »

Votre fils,
Camille Violand.

LXVIII

La bravoure, l'héroïsme, l'ardeur incomparable, le mépris du danger sont tout ce qu'il y a de plus commun sur la frontière. On pourra en juger par cette lettre d'un officier de chasseurs à cheval qui rend à l'intrépidité de ses soldats un hommage enthousiaste et mérité :

Mon régiment est à la frontière depuis huit jours ; nous avons déjà eu cinq ou six rencontres de patrouilles avec des patrouilles allemandes. Cela s'est passé exactement chaque fois de la même façon. Mes bons petits chasseurs ont chargé à fond ; les Allemands ont fait demi-tour sans hésiter. Le lieutenant X..., le 4 août, a tué un chevau-léger bavarois et en a pris quatre (dont deux de sa main) sans perdre un homme. Le lendemain 5 août, une de mes patrouilles, maréchal des logis Y..., s'est trouvée dans un bois nez à nez avec une patrouille de dragons. Nos chasseurs ont chargé, les dragons ont fait demi-tour. Au moment où Y... allait pointer le dernier fuyard dans le dos, celui-ci laissa tomber sa lance en travers du sentier. Le cheval de Y... buta, faillit tomber et la poursuite se trouva ralentie. A la sortie du bois, Y... et ses cinq chasseurs tombent sur un tas d'infanterie allemande mise en éveil par la fuite éperdue des dragons. Le cheval de Y... est tué net d'une balle dans la tête. Le sous-officier roule comme une boule dans un champ de blé qui le cache et le sauve. Y... s'est traîné dans le bois. Il y retrouve le trompette Z..., qui a le cou traversé et un bras cassé. Peu après passe un de nos chevaux, blessé également. Le maréchal des logis hisse le trompette dessus et lui commande d'aller rendre compte au conmmandant d'un bataillon d'infanterie que le bois cache beaucoup d'infanterie allemande. Le trompette part ; son sang coule, ses forces l'abandonnent. Il atteint cependant nos premières sentinelles. Il fait signe à la plus rapprochée et lui dit : « Ecris mon compte rendu, de façon à le porter exactement au commandant. »

Le maréchal des logis rentre à pied et rend compte, très calme, de sa reconnaissance. Et ce héros n'a-t-il pas eu le toupet de retourner hier matin à trois heures sur le lieu du combat pour y rechercher son fourreau de sabre, son manteau et le contenu de ses sacoches ? Le plus fort, c'est qu'il a tout rapporté. Les Allemands auraient déposé les quatre blessés restés sur le terrain dans une maison frontière, mais je n'ai pas encore de nouvelles et je suis bien inquiet.

Ils en veulent tous. J'ai promis un louis au premier qui tuera un uhlan d'un bon coup de pointe (celui qu'ils ont tué l'a été d'une balle), voilà un louis qui ne restera pas longtemps dans ma poche.

LXIX

Au cours d'un engagement très sérieux qui est la première affaire aussi sanglante à laquelle il ait pris part, un jeune « poilu » qui, sous un bombardement intense, n'a pas perdu son sang-froid, a écrit ses impressions de bataille. Ces notes hâtives et poignantes dont l'écriture sent la poudre, constituent une des plus belles pages militaires qu'eût pu tracer la plume d'un héros.

Le grand coup que nous attendions est arrivé : il est 9 heures du soir, je viens de faire mon sac, l'ordre nous est parvenu de nous tenir prêts, nous partons à minuit 45 pour le haut de Combres... J'ai passé une après-midi délicieuse, au cantonnement, étendu sur l'herbe et caressé par un chaud soleil de printemps. Nous touchons en ce moment des vivres de réserve, les anciens disent que cela va chauffer. Si je ne suis pas démoli, je gagnerai peut-être là-bas mes premiers galons, je ferai l'impossible pour les avoir.

Les hommes ne sont pas déprimés, ils chantent, jouent aux cartes, ils profitent de l'heure présente.

On sonne le rassemblement, nous partons.

Si je suis tué, mon cher papa, tu le sauras rapidement, je me suis arrangé pour...

. . . .

Nous sommes arrivés ce matin, après cinq heures de marche, dans un petit bois, où nous nous tenons en réserve (pas pour longtemps). Derrière nous s'élève une grande colline; à droite, on aperçoit un petit village, puis plus loin la plaine qui s'étend à perte de vue. Nous devons gagner environ 400 mètres, pour cela on a massé 5 régiments et de l'artillerie en masse : la lutte sera chaude et bien des camarades ne reviendront pas.

3 heures. — Le bombardement commence. C'est effarant... Je n'ai jamais entendu cela... c'est fou ! Les 75 donnent, j'ai les oreilles brisées.

Qu'est-ce que prennent les Boches ! Ils répondent par des schrapnels ; un camarade situé 5 mètres plus haut que moi, nous sommes dans un ravin, vient de recevoir un éclat d'obus. Je suis accroupi sous mon sac et les obus passent au-dessus de moi et éclatent avec un bruit sinistre.

Je constate, non sans quelque orgueil, que j'ai toute ma lucidité. Je ne peux fouiller dans mon sac pour prendre du papier, la position est intenable, mais nous resterons quand même ; les schrapnels cassent les branches tout autour de nous. Cela sent la poudre, une odeur suffocante, on ne compte plus les obus qui tombent. C'est terrifiant ! ! !

. . . .

Les obus tombent sur nous (deux compagnies) et leur sifflement lugubre suivi du brutal éclatement est accompagné des cris, des râles des hommes blessés.

Les tués sont nombreux.

J'ai invité au calme quelques camarades chez qui la crainte commençait à se montrer, quelques paroles d'encouragement et le court moment de défaillance est passé.

Allongé contre le talus, le sac sur ma tête, j'attends avec résignation... Un obus vient d'éclater à 2 mètres de moi. Nous étions quatre l'un à côté de l'autre, nous sommes couverts de terre, mais pas un n'est touché. Votre amour à tous les deux m'a protégé !

(Le journal continue, mais l'écriture est encore plus précipitée, les phrases sont tronquées et ce, pendant quelques lignes.)

— 6 heures pour faire 1.500 mètres !

— Mon fusil broyé dans ma main.

— Deux 77 éclatent près de moi, un camarade tué, un autre blessé.

. . . .

Je continue mon journal. Ce que j'ai vu est effroyable et je ne sais pas comment je n'y suis pas resté. Je n'avais jusqu'à présent rien vu de la guerre, je sais maintenant ce que c'est.

Les obus tombent toujours, mais à 50 mètres ou à 100 mètres. Avant d'arriver en première ligne, j'ai rencontré mon meilleur ami L... Nous nous sommes étreints, pourvu qu'il ne soit pas touché !

Le bombardement redouble. A 3 heures, après avoir reçu 4 schrapnels sur mon sac (que je l'ai béni !) nous recevons l'ordre de nous porter en avant.

C'est encore là que deux obus de 77 tombent à mes pieds; j'étais allongé à terre, le camarade de droite a été tué et un autre blessé.

Nous montons la colline, le lieutenant tombe blessé, le sous-lieutenant tué, beaucoup d'hommes tombent également. Nous nous collons sur le sol, le bombardement dure jusqu'à la nuit. Je me suis creusé un petit trou. Cette nuit il fait bien froid. Les Boches nous lancent des obus torpilles, leurs morceaux de ferraille s'enfoncent en terre de biais avec une force énorme et filent sur une longueur d'une trentaine de mètres.

Nous avons pris ce matin un Boche, il avait faim, nous avons partagé notre pain avec lui. Nous ne sommes pas des sauvages, nous ! Il était mal habillé, en tunique, sans chemise et sans capote.

Vraiment, pendant les heures effroyables que je viens de vivre, alors qu'allongé, mon sac sur le dos, j'attendais la mort, j'ai pensé à vous et je vous ai aimés plus que jamais.

LXX

Un officier d'état-major en mission aux Eparges, l'endroit désormais célèbre où nos troupes ont accompli un si magnifique exploit, fait de ce qu'il a vu le récit suivant, fleuri d'une amusante anecdote :

Les poilus nous offrent le café. Ils sont contents qu'on vienne les voir dans leurs trous et leur dire sur place que le général en chef pense à eux et les remercie. Ils sont éreintés. Mais ils sont libres d'esprit et tous ont le mot pour rire.

Que les Boches aient été sortis de leur forteresse; qu'en ce moment même la compagnie de tête leur fasse redescendre les pentes sud plus vite qu'ils ne les ont gravies, cela permet de souffrir du froid, de la pluie, de la fatigue sans en être écrasé : sublime réconfort apporté par l'idée au corps épuisé !

Le combat, ses chances et ses risques, voilà le sujet ordinaire de leurs propos. Cultivateurs, ouvriers, employés ou rentiers, ils ont tous la même âme, les mêmes pensées, les mêmes espoirs. La guerre est devenue leur chose, leur vie, leur tout. Ils savent qu'ils ont fait une grande œuvre en enlevant cette crête formidable. Ils ne demandent qu'à recommencer.

Il faut refaire après eux le chemin qu'en deux mois ils ont parcouru victorieusement pour concevoir avec précision l'infini respect dont ils sont dignes. Jamais les grognards, aux pires heures de la retraite de Russie, n'ont connu de telles épreuves.

Le courage moderne a décuplé avec la perfection des armes modernes. Enlever les Eparges sous le feu des 210, des lance-bombes et des mitrailleuses, c'est travail de géants, dont aucune guerre du passé ne peut suggérer l'horreur.

Ce travail, nos hommes trouvent l'énergie de l'accomplir dans leur conscience et aussi dans l'exemple de leurs chefs. Ce qu'ont fait, ce que font chaque jour les officiers, c'est aux hommes qu'il faut le demander.

Les Eparges nous ont coûté cher en *cadres*, parce que l'officier français, confiant dans ses soldats, est fier de marcher devant eux.

Notre visite se poursuit, toujours dans la boue, « Vous n'auriez pas cru qu'il y en avait tant, me dit orgueilleusement un gosse de la classe 1915. » La boue, c'est leur domaine. Ils en viennent à lui devoir même de la gaîté : témoin l'histoire de « Moi, Boche ! »

C'était la nuit dernière. Une patrouille sort, reconnaît les lignes ennemies, rentre se chauffer dans un abri souterrain, les hommes tassés les uns contre les autres.

Dans le silence, que troublent déjà les ronflements des dormeurs, une voix dit : « Moi, Boche ! » Personne ne répond. La voix insiste : « Moi, Boche ! » On croit à une scie et on crie : « F... nous la paix ! » La voix reprend : « Moi, Boche ! » Cette fois, c'est un concert d'imprécations. L'abri tout entier réclame le droit au sommeil.

Le lendemain, au jour, on trouva dans l'abri un hôte inattendu, que la boue avait habillé comme les autres. C'était un Boche — « Moi, Boche » — un déserteur qui avait suivi la patrouille pour se libérer du pain KK, des serre-file à revolver et des mitrailleuses où l'on enchaîne les servants — un vrai Boche, qui avait dit vrai, sans qu'on voulût le croire ni même l'écouter...

Un ardent soleil dore les plateaux et éclaire les plaines. Le jour est levé. Pour la première fois, depuis une semaine, il ne pleut pas. La contre-attaque allemande a piteusement échoué.

Notre artillerie, maintenant, est à peu près seule à gronder. Par-dessus le parapet, on voit de temps à autre voler en l'air des sacs à terre, des fusils, une fois même un Boche tout entier. Notre 75 fait de bonne besogne.

Les hommes de boue se regardent, avec des yeux rieurs. La journée sera tranquille. L'ennemi en a assez. Ses marmites se font rares. On le tient. On l'a eu. On l'a.

LXXI

Conté par un lieutenant, témoin et sans doute acteur de la scène qu'on va lire, voici un trait d'héroïsme qui égale nos vaillants soldats aux plus sublimes de leurs aïeux des grandes épopées de la Révolution et de l'Empire :

DEBOUT, LES MORTS !

Nous étions en train d'aménager une tranchée conquise. Au barrage de sacs qui fermait son extrémité, deux guetteurs faisaient bonne garde. Nous pouvions travailler en toute tranquillité.

Soudain, partie d'un boyau que dissimule un repli de terrain, une avalanche de bombes se précipite sur nos têtes. Avant que nos hommes puissent se ressaisir, dix sont couchés à terre, morts et blessés pêle-mêle.

J'ouvre la bouche pour les pousser en avant de

nouveau, quand un caillou du parapet, déchaussé par un projectile, me frappe à la tête. Je tombe sans connaissance.

Mon étourdissement ne dure qu'une seconde. Un éclat de bombe me déchire la main gauche et la douleur me réveille.

Comme j'ouvre les yeux, affaibli encore et l'esprit engourdi, je vois les Boches sauter par-dessus le barrage de sacs et envahir la tranchée.

Ils sont une vingtaine.

Ils n'ont pas de fusils, mais ils portent par-devant une sorte de panier d'osier, rempli de bombes.

Je regarde à gauche ; tous les nôtres sont partis, la tranchée est vide. Et les Boches avancent ; quelques pas encore et ils sont sur moi !

A ce moment un de mes hommes, étendu, une blessure au front, une blessure au menton, et dont tout le visage est un ruissellement de sang, se met sur son séant, empoigne un sac de grenades placé près de lui et s'écrie :

— Debout, les morts !

Il s'agenouille, et puisant dans le sac, il lance ses grenades dans le tas des assaillants.

A son appel, trois autres blessés se redressent : deux qui ont la jambe brisée prennent un fusil et, ouvrant le magasin, commencent un feu rapide dont chaque coup porte ; le troisième, dont le bras gauche pend, inerte, arrache de sa main droite une baïonnette.

Quand je me relève, revenu à moi tout à fait, du groupe ennemi, la moitié environ est abattue, l'autre moitié s'est repliée en désordre.

Il ne reste plus, adossé au barrage et protégé par un bouclier de fer, qu'un sous-officier énorme, suant, congestionné de rage qui, fort bravement ma foi, tire dans notre direction des coups de revolver.

L'homme qui, le premier, a organisé la défense, le héros du : « Debout, les morts ! » reçoit un coup en pleine mâchoire. Il s'abat...

Tout à coup, celui qui tient la baïonnette et qui depuis quelques instants rampait de cadavre en cadavre, se dresse à quatre pas du barrage, essuie deux balles qui ne l'atteignent pas et plonge son arme dans la gorge de l'Allemand.

La position était sauvée. Le mot sublime avait ressuscité les morts.

LXXII

Fils du lieutenant-colonel Crave, l'auteur de la lettre suivante, lieutenant de marsouins, était une nature d'élite, nourrie des plus nobles sentiments. Les soldats l'adoraient et ses chefs l'ont cité à l'ordre du jour. Il est mort vaillamment au champ d'honneur :

Vous ne me croiriez pas si j'affirmais que l'existence que nous menons comporte beaucoup d'agréments. Mais elle est pénible seulement pour ceux que ne soutient pas un idéal élevé ou une sereine philosophie. La vie n'est-elle pas un passage plus ou moins facile, dans une période plus ou moins troublée, avec une issue inéluctable ?

Ne plaignez donc pas ceux qui tombent, mais enviez-les, dis-je à mes camarades. La vie, certes, est parfois bonne à vivre, mais si nous n'échappons pas à la tourmente, il faut se dire que notre sacrifice profitera toujours à ceux qui survivront.

Adieu, petite maman que j'aime et si digne d'être aimée... Une prière : si je ne reviens pas, ne pas verser de pleurs. Un désir posthume : s'occuper des enfants dont les pères ont été tués dans les précédents combats. Un vœu : que des jours paisibles enfin et heureux coulent nombreux pour vous...

LXXIII

Blessé au Bois d'Ailly, le soldat Nivot, du 56ᵉ d'infanterie, écrit d'un hôpital militaire la lettre suivante au directeur de l'établissement auquel il était attaché dans le civil. Les sentiments qu'il exprime si simplement ne doivent pas nous étonner de sa part. La famille Nivot est de celles qui peuvent s'honorer d'avoir donné le plus de défenseurs à la patrie. Elle compte dix frères sous les drapeaux, dont deux furent libérés, conformément à la loi, comme père de six enfants. Mais l'armée n'a pas tout perdu à cette libération, un de ces derniers est parti au régiment :

J'espère que vous avez reçu ma lettre du dernier mois vous faisant savoir que mon état de santé était des plus satisfaisants. Il n'en est pas de même ce mois courant. A une des nombreuses contre-attaques que l'ennemi a faites au Bois d'Ailly (Sud de Saint-Mihiel) le 7 courant pour reprendre les tranchées qu'il avait perdues les 5 et 6, j'ai été blessé dans un corps-à-corps par des éclats de grenades jetées à la main : un, à la cuisse gauche, l'autre au poignet droit. Heureusement les deux blessures ne sont pas graves, les éclats ne sont pas encore extraits, on va bientôt, je le crois, essayer de les retirer. Le poignet a été plus touché que la cuisse, l'artère a été coupée. Jusqu'à présent je ne pouvais guère me servir de ma main.

J'espère que votre état de santé est toujours excellent et que vous avez de bonnes nouvelles de tous ces messieurs. J'ai souvent pensé à M. le lieutenant Boissière, en voyant tomber des officiers qui sont toujours les premières cibles choisies par l'ennemi. Je souhaite qu'il se retrouve à notre tête dans un avenir prochain, car je crois que l'ennemi tente ses suprêmes efforts. S'il a été supérieur à nous au début, on voit très bien aujourd'hui que le contraire existe ; on constate très bien la différence des deux artilleries et la supériorité de la nôtre comme justesse et effet produit. C'est du reste par le succès de l'artillerie que nous gagnerons la partie, puisque dans les tranchées, à quelques mètres l'une de l'autre, on ne se voit pas, les balles sont sans danger. Il n'y a que les engins à main qui sont à craindre, on se sert dans nos tranchées de mortiers Louis-Philippe avec des obus préparés aujourd'hui, qui n'ont peut-être pas un gros effet destructif, mais qui sont très démoralisants. A cent mètres on sent le tremblement de terre occasionné par l'explosion. Cela nous a déjà valu quelques succès où l'artillerie ne peut pas donner.

Je crois être rétabli avant la fin des hostilités et retourner sur le front pour en revenir cette fois victorieux définitivement, j'espère.

LXXIV

Le Comité de la Société des Gens de Lettres, dans sa séance du 30 novembre 1914, a décidé d'inviter les élèves de l'Ecole Estienne à réunir pieusement leurs plus beaux caractères typographiques pour imprimer, afin qu'elles restent. comme un monument de gloire nationale, les recommandations adressées à sa femme par Georges Belaud, cuisinier.

Les pensées que l'humble ouvrier Georges

Belaud écrivit au crayon la veille même du jour où, près de Toul, il tomba au champ d'honneur, semblent avoir été dictées par le cœur même du peuple de France.

La Société des Gens de Lettres n'a changé ni un mot, ni une virgule de ce texte. Elle estime que les incorrections de style sont magnifiquement rachetées par l'héroïque simplicité et la grandeur cornélienne.

La Société des Gens de Lettres oppose la lettre de Georges Belaud, ouvrier français sans instruction, au manifeste des « intellectuels » allemands comme l'expression même de l'esprit français luttant contre les barbares pour l'humanité et la liberté du monde.

« Ma chère Yvonne,

« Ne te fais pas de mauvais sang, j'ai bon
« espoir de te revoir ainsi que mon cher Ray-
« mond.

« Je te recommande de te soigner ainsi que
« mon fils, car tu sais, je ne te pardonnerais
« jamais s'il t'arrivait quelque chose ainsi qu'à
« lui.

« Maintenant, si par hasard il m'arrivait quel-
« que chose, car après tout nous sommes en
« guerre et, ma foi, nous risquons quelque chose,
« eh bien, j'espère que tu seras courageuse, et
« sache bien si je meurs, je mets toute ma con-
« fiance en toi et je te demande de vivre pour

« élever mon fils en homme, en homme de cœur,
« et donne-lui une instruction assez forte et selon
« les moyens que tu disposeras.

« Et surtout, tu lui diras quand il sera grand
« que son père est mort pour lui ou tout au moins
« pour une cause qui doit lui servir à lui et à
« toutes les générations à venir.

« Maintenant, ma chère Yvonne, tout ceci n'est
« que simple précaution et je pense être là pour
« t'aider dans cette tâche, mais enfin, comme je
« te l'ai dit on ne sait pas ce qui peut arriver.
« En tout cas, nous partons tous de bon cœur
« et dans le ferme espoir de vaincre.

« Pour toi, ma chère Yvonne, sache bien que
« je t'ai toujours aimée et que je t'aimerai tou-
« jours, quoiqu'il arrive.

« Aussitôt que tu le pourras, pars pour Fonte-
« nay car, à mon retour, j'aimerais mieux te trou-
« ver là-bas, et encore une fois, je compte sur toi
« et tu seras courageuse, et je ne te fais plus de
« recommandation car je crois que ce serait
« superflu.

« Ton petit homme qui t'embrasse bien fort,
« ainsi que mon cher petit Raymond.

                                    « GEORGES. »

TABLE DES MATIÈRES

	Pages
Préface	9
I. Lettre d'un Saint-Cyrien à ses parents	13
II. Lettre du caporal Albert Thirion, nommé sergent	15
III. Lettre d'un petit soldat à sa famille	17
IV. Lettre de M. Pierre Loti	18
V. Lettre d'un soldat, au début de la campagne.	20
VI. Lettre d'un enfant au ministre de la guerre	23
VII. Lettre d'un territorial qui vient de recevoir le baptême du feu	24
VIII. Lettre d'un jeune sergent-fourrier	28
IX. Lettre du général Pau à sa mère (août 1870)	30
X. Lettre d'un officier à sa famille	32
XI. Lettre d'un caporal à ses parents	33
XII. Lettre d'un jeune soldat qui a échappé à la mort	34
XIII. Deux lettres, l'une d'un aviateur et l'autre d'un fils d'Alsacien	35
XIV. Lettre d'un capitaine à la famille d'un de ses soldats, mort glorieusement	36
XV. Lettre de M. André Paisant, député de Senlis	39
XVI. Lettre de M. Louis Vauxcelles	41
XVII. Trois lettres de soldats écrites au bruit du canon	45

	Pages
XVIII. Lettre d'un officier quittant Casablanca pour le front	49
XIX. Lettre d'un officier décrivant le moral de ses hommes	52
XX. Lettre d'un blessé impatient de repartir au front	54
XXI. Lettre d'un grand blessé contant les péripéties du sanglant combat où il a été atteint	55
XXII. Lettre d'un marin racontant une opération de mer	62
XXIII. Lettre d'un soldat donnant des conseils réconfortants à sa femme	65
XXIV. Deux lettres respirant l'altruisme le plus élevé	66
XXV. Lettre donnant l'appréciation d'un soldat sur les qualités réciproques des combattants.	67
XXVI. Lettre du général Léman au roi des Belges	71
XXVII. Lettre d'un soldat à son père	73
XXVIII. Lettre d'un sergent-major blessé	75
XXIX. Carnet de route d'un officier	76
XXX. Lettre d'un cuirassier qui « charge en pantoufles »	81
XXXI. Lettre d'un petit Français au Président de la République	82
XXXII. Discours prononcé sur la tombe des prisonniers de guerre à Lechfeld (Allemagne).	83
XXXIII. Lettre d'une mère cornélienne à la personne qui lui a annoncé la mort de son fils.	86
XXXIV. Lettre d'un humble soldat à sa sœur	87
XXXV. Lettre d'un commandant contant la mort d'un soldat	90

Pages

XXXVI. Echange de lettres entre un enfant de onze ans et un général 91
XXXVII. Deux lettres typiques, l'une d'une mère allemande, l'autre d'une mère française.... 93
XXXVIII. Lettre pour celui qui n'en reçoit pas, par M. Brieux 96
XXXIX. Eloge de la France, par M. John Galsworthy 100
XL. Lettre de M. Boutroux sur le germanisme.. 102
XLI. Carnet de notes d'un réserviste........... 106
XLII. Lettre d'un brave territorial décrivant ses impressions de combat.................... 111
XLIII. Lettre d'une femme nouvellement accouchée à son mari blessé.................... 115
XLIV. Lettre d'un instituteur à ses élèves pour la rentrée............................... 116
XLV. Trois lettres de combattants, écrites au feu 119
XLVI. Correspondance entre une petite Française et une petite Américaine.............. 121
XLVII. Lettre d'un instituteur, sous-lieutenant d'infanterie, à ses élèves.................. 123
XLVIII. Lettre d'un aède soudanais à un de ses compatriotes blessé..................... 126
XLIX. La dernière leçon d'un instituteur tué à l'ennemi 127
L. Lettre du général d'Amade annonçant la mort de son fils.............................. 130
LI. Lettre du docteur Grondys sur le crime de Sermaize 132
LII. Impressions d'un capitaine d'infanterie sur des scènes de guerre..................... 136
LIII. Deux lettres de soldats, impatients de partir eu feu................................... 140

	Pages
LIV. Lettre d'un instituteur, officier de réserve, qui décrit à ses élèves la leçon du maître dans une école en ruines	142
LV. Lettres de petits écoliers alsaciens	145
LVI. Lettres de remerciements d'un caporal qui a reçu un colis de lainage	147
LVII. Lettre d'un instituteur devenu soldat à ses élèves d'Allevard (Isère)	149
LVIII. Lettre d'un sergent qui raconte comment il a reçu la médaille militaire des mains du généralissime	152
LIX. Lettre d'un officier contant comment fut vengée la mort d'un héros	153
LX. Impressions d'un combattant sur le front	154
LXI. Lettre d'un notaire de province promu lieutenant	157
LXII. Lettre d'un capitaine sauvé malgré lui par ses hommes	158
LXIII. Impressions de tranchée	159
LXIV. Lettre d'un lieutenant de vaisseau montrant la fraternité d'armes des marins et de leurs chefs	161
LXV. Lettre d'un servant d'artillerie sur une retraite transformée en victoire	162
LXVI. Lettre d'un lieutenant de dragons qui rend hommage à l'héroïsme de ses troupes	166
LXVII. Deux lettres de soldats morts au champ d'honneur	167
LXVIII. Hommage d'un officier à l'intrépidité de ses hommes	170
LXIX. Impressions d'un jeune soldat qui voit le feu pour la première fois	172

	Pages

LXX. Récit du combat des Eparges par un officier d'état-major........................... 176
LXXI. Trait d'héroïsme raconté par un officier qui en a été témoin (Debout, les morts !).... 179
LXXII. Dernière lettre d'un lieutenant de marsouins tué à l'ennemi...................... 181
LXXIII. Impressions d'un soldat blessé........ 182
LXXIV. Letre du cuisinier Georges Belaud à sa femme (éditée par la Société des Gens de lettres) 184

Société anonyme de l'Imprimerie Kugelmann (L. Cadot, Directeur),
12, rue Grange-Batelière. — Paris.

www.ingramcontent.com/pod-product-compliance
Lightning Source LLC
Chambersburg PA
CBHW060517090426
42735CB00011B/2261